모두 스크래치 주니어를 좋아해요!

어린이들

"정말 좋아요. 제가 원하는 걸 다 만들 수 있어요. 저는 〈배고픈 애벌레〉 프로그램을 만들었어요!"
—6세, 스크래치 주니어 독후감을 자랑하며

"아빠에게 제가 만든 우주 프로그램을 보여 줄 때 정말 기뻤어요. 캐릭터들이 사라졌다가 나타나는 모습이 자랑스러웠어요."
—2학년 학생

"저는 무한 반복 블록이 제일 좋아요. 왼쪽으로 이동 블록을 가져다 놓고 그 끝에 빨간 무한 반복 블록을 붙이면, 자동차가 왼쪽으로 왼쪽으로…… 끝없이 움직여요!"
—유치원생

선생님들

"아이들은 자기들 힘으로 새로운 블록을 탐색하는 걸 좋아합니다. 저는 아이들에게 새로운 것을 발견하면 친구들에게도 알려 주라고 합니다. 아이들에게 최고의 경험은 함께 배우는 것이라고 생각해요."
—유치원 교사

"우리가 성적표에 적는 능력 가운데 하나는 '다단계 지시를 수행할 수 있다'입니다. 아이들은 프로그램을 만들 때 이런 능력을 학습하죠."
—유치원 교사

"학생들은 교실에서도 교실 밖에서도 스크래치 주니어를 좋아합니다. 아이들이 스크래치 주니어를 하는 내내 무슨 일을 할지 미리 생각하고 그걸 실제로 실험하는 모습이 보기 좋습니다."
—1학년 교사

"지금은 기술의 시대고, 이것은 미래입니다. 저는 아이들에게 이것을 일찍 가르칠수록 좋다고 생각해요. 또 스크래치 주니어는 재미있습니다. 뭐든 재미가 있어야 잘 배울 수 있잖아요."
—2학년 교사

부모님들

"우리 딸은 항상 자기가 오빠보다 과학 기술에 약하다고 생각했어요. 하지만 스크래치 주니어는 딸아이도 기술을 잘 활용할 수 있다는 것을 보여 주었습니다."
—2학년 학생과 유치원생의 부모

"이게 무슨 도움이 될까 의심하는 교사 분들이 있다면, 기술을 외면하지 말고 아이들과 함께 해보라고 말하고 싶어요. 저는 딸과 함께 집에서 스크래치 주니어를 했는데 정말 좋았습니다. 아주 즐거웠어요."
—5세 어린이의 부모

"저는 스크래치 주니어를 열렬히 응원합니다. 우리 아들은 늘 혼자서 그걸로 작업을 해서 오리들에게 여러 가지 희한한 일을 시킵니다. 샘플 프로그램 하나에서 아이디어를 얻어서요. 아이는 지금 스크래치 주니어로 단순한 즐거움을 얻고 있고, 저는 이것을 시작으로 더 수준 높은 단계로 나아갈 수 있다고 생각해요."
—5세 어린이의 부모

"저는 스크래치 주니어를 다른 언어라고 생각합니다. 이것은 놀이 도구가 아니라 건축 도구예요. 다른 부모님도 그렇게 접근하면 아이들이 더 많은 것을 배울 수 있을 거예요."
—2학년 학생의 부모

스크래치 주니어로 배우는 맨 처음 코딩

스크래치 주니어 공식 가이드북

스크래치 주니어로 배우는
맨 처음 코딩

스크래치 주니어 공식 가이드북

마리나 유머시 버스·미첼 레스닉 지음
고정아 옮김

The Official ScratchJR Book
Copyright ⓒ 2015 by Marina Umaschi Bers and Mitchel Resnick.
Title of English-language original: The Official ScratchJr Book, ISBN 978-1-59327-671-3,
published by No Starch Press.
Korean-language edition copyright ⓒ 2016 by Donga M&B Co. Ltd.
All rights reserved.
Korean translation rights arranged with No Starch Press, Inc. through Enterskorea Co., Ltd., Seoul, Korea.

이 책의 한국어판 저작권은 ㈜엔터스코리아를 통한 저작권사와의 독점 계약으로 동아M&B가 소유합니다.
저작권법에 의하여 한국 내에서 보호를 받는 저작물이므로 무단 전재와 무단 복제를 금합니다.

스크래치주니어로 배우는 맨 처음 코딩

1판 1쇄 발행 2016년 8월 10일
1판 4쇄 발행 2018년 1월 10일

글쓴이 마리나 유머시 버스, 미첼 레스닉
옮긴이 고정아
펴낸이 이경민

편집 김세나, 최정미
디자인 고은경

펴낸곳 ㈜동아엠앤비
출판등록 2014년 3월 28일(제25100-2014-000025호)
주소 (03737) 서울특별시 서대문구 충정로 35-17 인촌빌딩 1층
전화 (편집) 02-392-6903 (마케팅) 02-392-6900
팩스 02-392-6902
전자우편 damnb0401@nate.com
블로그 blog.naver.com/damnb0401
페이스북 www.facebook.com/dongamnb

ISBN 979-11-87336-57-0 (74000)
      979-11-87335-56-3 (세트)

※ 책 가격은 뒤표지에 있습니다.
※ 잘못된 책은 구입한 곳에서 바꿔 드립니다.
※ 이 도서의 국립중앙도서관 출판예정도서목록(CIP)은 서지정보유통지원시스템 홈페이지 http://seoji.nl.go.kr와
   국가자료공동목록시스템 http://www.nl.go.kr/kolisnet에서 이용하실 수 있습니다. (CIP제어번호: CIP2016018686)

품명 아동 도서	제조년월 2018년 1월 10일
사용 연령 5세 이상	제조자명 ㈜동아엠앤비
제조국 대한민국	연락처 (02)392-6900

주소 서울 서대문구 충정로 35-17 인촌빌딩 1층
주의사항 종이에 베이거나 긁히지 않도록 조심하세요.
책 모서리가 날카로우니 던지거나 떨어뜨리지 마세요.
KC마크는 이 제품이 공통안전기준에 적합하였음을 의미합니다.

도서출판 뭉치는 ㈜동아엠앤비의 어린이 출판 브랜드로, 아이들의 지식을 단단하게 만들어주고, 아이들의
창의력과 사고력을 키워주어 우리 자녀들이 융합형 창의 사고뭉치로 성장할 수 있도록 좋은 책을 만들겠습니다.

차 례

들어가는 말 ·· 13

스크래치 주니어를 소개합니다! ·· 17

1장 : 시작 ·· 23

2장 : 애니메이션 ··· 43

3장 : 이야기 ·· 67

4장 : 게임 ·· 113

맺음말 ··· 141

부록 A : 스크래치 주니어에서 스크래치로 ···························· 143

부록 B : 기능 일람표 ··· 149

찾아보기 ·· 157

차례 : 좀 더 자세히

들어가는 말 13

스크래치 주니어를 소개합니다! 17
  스크래치 주니어란 무엇인가? 18
  왜 스크래치 주니어를 만들었는가? 18
  누구를 위한 책인가? 19
  무엇이 필요한가? 19
  이 책에는 어떤 내용이 있는가? 20
  이 책을 어떻게 사용해야 하는가? 20

1장 : 시작 23
활동 1 : 댄스 파티를 하자! 24
    1단계 : 앱을 열자 25
    2단계 : 새 프로그램을 만들자 25
    3단계 : 고양이를 움직이게 만들자! 26
    4단계 : 녹색 깃발을 사용하자 28
    5단계 : 배경을 넣자 29
    6단계 : 새로운 캐릭터를 넣자 30
    7단계 : 춤만 추지 말고, 말도 하자! 32
    8단계 : 제목을 붙이자 34
    9단계 : 프로그램에 이름을 붙이자 35
    10단계 : 프로그램을 저장하자 36
    유용한 팁 37
    어른들을 위한 팁 37
겁 없이 탐험하자! 37
    취소와 되살리기 38
    항목 지우기 38
    블록 지우기 38
스크래치 주니어 버튼과 영역 안내 39
다음에는 무엇? 41

2장 : 애니메이션 43
활동 2 : 고양이를 움직이자! 44
    여기서 배울 것 44
    만드는 법 45
    유용한 팁 47
    더 높은 단계로 도전! 47
    언어 학습 : 이름 짓기 48
    수학 학습 : 10까지 가는 방법이 모두 몇 개인지 알아보기 48
    어른을 위한 팁 48
활동 3 : 고양이를 빙글 돌리자! 49
    여기서 배울 것 49
    만드는 법 50
    유용한 팁 51
    더 높은 단계로 도전! 51

차례 : 좀 더 자세히

언어 학습 : 느낌 묘사하기 ·········· 52
수학 학습 : 시간 읽기 ·········· 52
어른을 위한 팁 ·········· 52

활동 4 : 숨바꼭질을 하자! ·········· 53
여기서 배울 것 ·········· 53
만드는 법 ·········· 53
유용한 팁 ·········· 54
더 높은 단계로 도전! ·········· 54
언어 학습 : 이야기하기 ·········· 55
수학 학습 : 관찰하기와 수 세기 ·········· 55
어른을 위한 팁 ·········· 55

활동 5 : 같은 일을 반복하자! ·········· 56
여기서 배울 것 ·········· 56
만드는 법 ·········· 56
유용한 팁 ·········· 58
더 높은 단계로 도전! ·········· 58
언어 학습 : 스크립트와 문장을 비교하기 ·········· 59
어른을 위한 팁 ·········· 59
수학 학습 : 두 스크립트 비교 ·········· 60
어른을 위한 팁 ·········· 60

➤ 프로그램 시간! 할아버지의 농장 ·········· 61
만드는 법 ·········· 61
유용한 팁 ·········· 63
더 높은 단계로 도전! ·········· 63
언어 학습 : 새 단어 배우기 ·········· 66
수학 학습 : 사용한 블록의 개수 세기 ·········· 66
어른을 위한 팁 ·········· 66

3장 : 이야기 ·········· 67

활동 6 : 목소리를 넣자! ·········· 68
여기서 배울 것 ·········· 68
만드는 법 ·········· 69
유용한 팁 ·········· 71
더 높은 단계로 도전! ·········· 72
언어 학습 : 발표 ·········· 73
수학 학습 : 더하기와 빼기 ·········· 73
어른을 위한 팁 ·········· 73

활동 7 : 페이지를 넘기자! ·········· 74
여기서 배울 것 ·········· 74
만드는 법 ·········· 74
유용한 팁 ·········· 79
더 높은 단계로 도전! ·········· 80
언어 학습 : 자신의 실제 이야기를 하기 ·········· 82
수학 학습 : 이야기의 순서 정하기 ·········· 82
어른을 위한 팁 ·········· 82

차례: 좀 더 자세히

활동 8 : 속도를 다르게! ·· 83
    여기서 배울 것 ·· 83
    만드는 법 ·· 83
    유용한 팁 ·· 85
    더 높은 단계로 도전! ·· 86
    언어 학습 : 공지하기 ·· 87
    수학 학습 : 경주 시간 계산 ·· 87
    어른을 위한 팁! ··· 87

활동 9 : 멈추어서 살피자! ·· 89
    여기서 배울 것 ·· 89
    만드는 법 ·· 89
    더 높은 단계로 도전! ·· 91
    언어 학습 : 설명 붙이기 ·· 92
    수학 학습 : 대기 시간 변경하기 ·································· 92
    어른을 위한 팁 ·· 92

활동 10 : 차례를 기다리자! ·· 93
    여기서 배울 것 ·· 93
    만드는 법 ·· 93
    유용한 팁 ·· 95
    더 높은 단계로 도전! ·· 95
    언어 학습 : 완전한 문장을 쓰기 ·································· 96
    수학 학습 : 대기 시간 재기 ·· 96
    어른을 위한 팁 ·· 96

활동 11 : 눈사람을 만들자! ·· 97
    여기서 배울 것 ·· 97
    만드는 법 ·· 98
    유용한 팁 ·· 104
    더 높은 단계로 도전! ·· 105
    언어 학습 : 질문하기 ·· 106
    수학 학습 : 원의 개수 세기 ······································ 106
    어른을 위한 팁 ·· 106

프로그램 시간! 토끼와 거북이 ·· 107
    만드는 법 ·· 107
    유용한 팁 ·· 111
    더 높은 단계로 도전! ·· 111
    언어 학습 : 디지털 북 만들기 ···································· 112
    수학 학습 : 캐릭터가 움직이게 만들기 ······················ 112
    어른을 위한 팁! ·· 112

4장 : 게임   113
활동 12 : 복숭아를 따자! ·· 114
    여기서 배울 것 ·· 114
    만드는 법 ·· 115
    유용한 팁 ·· 117
    더 높은 단계로 도전! ·· 117

언어 학습 : 이야기로 만들기 ·· *118*
수학 학습 : 모양을 만들고 비교하기 ······································ *118*
어른을 위한 팁 ·· *118*

활동 13 : 발사! ·· *119*
여기서 배울 것 ·· *119*
만드는 법 ·· *119*
유용한 팁 ·· *121*
더 높은 단계로 도전! ·· *122*
언어 학습 : 이륙을 알리기 ·· *123*
수학 학습 : 세어 내려가기 ·· *123*
어른을 위한 팁 ·· *123*

활동 14 : 술래잡기! ·· *124*
여기서 배울 것 ·· *124*
만드는 법 ·· *125*
유용한 팁 ·· *126*
더 높은 단계로 도전! ·· *127*
언어 학습 : 대화 만들기 ·· *128*
수학 학습 : 어림잡기 ·· *128*
어른을 위한 팁 ·· *128*

활동 15 : 이상한 동물 찾기! ·· *129*
여기서 배울 것 ·· *129*
만드는 법 ·· *130*
더 높은 단계로 도전! ·· *132*
언어 학습 : 게임 설명서 쓰기 ·· *133*
수학 학습 : 수학 문제 만들기 ·· *133*
어른을 위한 팁 ·· *133*

프로그램 시간! 고양이와 새 ·· *134*
만드는 법 ·· *134*
유용한 팁 ·· *137*
더 높은 단계로 도전! ·· *137*
언어 학습 : 게임을 이야기로 만들기 ·· *138*
수학 학습 : 기록하기 ·· *138*
어른을 위한 팁 ·· *138*

맺음말   141

부록 A : 스크래치 주니어에서 스크래치로   143
스크래치 커뮤니티 ·· 144
스크래치 시작하기 ·· 145
스크래치에드 웹사이트 ·· 147

부록 B : 기능 일람표   149
블록 기능 일람표 ·· 150
그림 편집기 기능 요약 ·· 154

찾아보기   157

들어가는 말

이 책의 역사는 50년 전인 1960년대로 거슬러 올라갑니다. 그때 시모어 패퍼트는 컴퓨터가 어린이들의 생활과 어떻게 관련될 수 있을지 대담한 상상을 했습니다. 당시에 컴퓨터는 가격이 수억 원이 넘었습니다. 최초의 개인용 컴퓨터는 그 뒤로 10년이 지난 후에야 시장에 나왔습니다.

하지만 시모어는 컴퓨터가 결국에는 어린이를 포함한 모든 사람에게 쓰일 거라고 예견하고, 컴퓨터로 어린이의 학습과 놀이를 변화시킬 방법을 연구하기 시작했습니다. 대부분의 연구자가 컴퓨터가 어린이에게 정보를 전달하고 질문을 하는 역할을 할 거라고 생각할 때, 시모어는 전혀 다른 모습을 상상했습니다. 그는 어린이들이 컴퓨터를 직접 다루어서 컴퓨터로 실험도 하고, 탐험도 하며 스스로를 표현하리라고 생각했습니다. 시모어는 메사추세츠 공과대학(MIT)의 동료들과 함께 '로고'라는 프로그래밍 언어를 개발했습니다. 그것은 특히 어린이들이 그림, 이야기, 게임을 만들게 해주는 프로그래밍 언어였습니다. 시모어는 1980년에 『생각의 폭풍: 어린이, 컴퓨터, 빛나는 아이디어』라는 책을 발표해서, 어린이가 수동적으로 컴퓨터를 이용하는 데 그치지 않고 더 나아가서 능동적으로 컴퓨터 프로그램을 만들어야 한다고 주장했습니다.

이 책을 쓴 우리 두 사람(마리나와 미첼)은 메사추세츠 공대 대학원에서 시모어와 함께 연구를 하면서 그에게서 많은 영향을 받았습니다. 그래서 시모어의 연구를 발전시키는 일, 그러니까 어린이들이 컴퓨터를 활용해서 디자인, 창작, 발명을 하게 만드는 것을 평생의 목표로 삼았습니다.

미첼이 참여하는 메사추세츠 공대 미디어랩 산하의 '평생 유치원' 연구 그룹은 마인드스톰스와 위두 로봇공학 장비를 활용하는 레고 그룹과 긴밀히 작업해서, 저소득층 어린이를 위한 방과 후 학습 센터의 컴퓨터 클럽하우스 네트워크를 공동 창립했습니다. 최근에는 전 세계 수백만 명의 (8세 이상) 어린이가 사용하는 스크래치 프로그래밍 언어를 개발하고 온라인 커뮤니티를 열었습니다.

터프츠 대학 엘리엇-피어슨 아동학 및 인간 발달 학과 안에 있는 마리나의 발달 기술 연구 그룹은 저연령 어린이의 학습에 초점을 맞추고 어린이집, 유치원, 초등학교 저학년 학생을 위한 기술과 활동을 개발했습니다. 거기서 나온 아이디어와 시제품들이 발전한 결과 마침내 4~7세 어린이들이 나무 블록을 연결해서 로봇 공학 프로그램을 만드는 '키보'가 태어났습니다. 어린이들은 키보를 통해서 스크린이나 키보드 없이도 프로그래밍을 배웁니다. 2013년에 마리나는 키보의 보급을 위해서 킨더랩 로보틱스를 공동 창업했습니다. 마리나와 발달 기술 연구 그룹의 생각은 마리나의 책 『블록에서 로봇으로: 과학 기술을 활용한 유아 교육』(티처스 칼리지 출판부, 2007)과 『적극적 아동 발달을 위한 실내외용 디지털 경험 설계』(옥스퍼드 대학 출판부, 2012)에 잘 설명되어 있습니다.

2010년에 마리나는 우리 두 그룹이 함께 저연령 어린이를 위한 프로그래밍 언어를 개발하자고, 즉 메사추세츠 공대가 개발한 스크래치의 활용 범위를 넓히고 유아 교육에 대한 터프츠 대학의 연구 성과를 활용하자고 제안했고, 그 결과로 스크래치 주니어를 만드는 작업이 시작되었습니다. 우리는 플레이풀 인벤션 컴퍼니(PICO)의 폴라 본타와 브라이언 실버맨과 팀을 이루었습니다. 이들은 어린이를 위한 프로그래밍 언어 설계와 개발의 전문가들로 이들 역시 시모어 패퍼트와 밀접한 관계를 이루어 일했습니다. 스크래치 주니어는 이렇듯 터프츠 대학, 메사추세츠 공과대학, PICO를 비롯한 여러 기관의 많은 사람이 힘을 합친 협동 작업의 결과로 태어났습니다. 참여자들 전체 명단은 스크래치 주니어 웹사이트에 실려 있습니다. (*http://www.scratchjr.org/*)

전 세계 수천수만 명의 어린이, 부모, 교사가 스크래치 주니어에 열렬히 호응했고 우리는 그런 반응이 기뻤지만, 한편으로 사람들이 스크래치 주니어를 충분히 활용할 수 있도록 도와주는 길잡이가 더 많이 필요하다고 생각하게 되었습니다. 그래서 스크래치 주니어를 집과 학교에서 더욱 잘 활용할 수 있도록 이 책을 썼습니다. 독자 여러분이 이 책을 유용하게 활용하고, 우리에게 그에 대한 다양한 의견을 전해 주시기 바랍니다.

이 책의 연구, 쓰기, 제작에 도움을 준 스크래치 주니어 팀에 감사의 말을 드립니다. 특히 클레어 케인, 어맨다 스트로왜커, 몰리 엘킨, 딜런 포틀랜스, 어맨다 설리반, 알렉스 퍼거날리에게 감사합니다.

노스타치 출판사의 타일러 오트먼과 서리나 양에게도 크게 감사드립니다. 이 분들은 이 책을 쓰고 출간하는 전 과정에 귀중한 도움과 조언을 베풀어 주었습니다.

스크래치 주니어는 미국 국립과학재단의 재정 지원(지원금 번호 DRL—1118664)이 없었다면 태어나지 못했을 것입니다. 이 책과 스크래치 주니어를 통해 즐거움을 얻었다면, 스크래치 재단(*http://www.scratchfoundation.org*)에 기부를 해서 스크래치 주니어 소프트웨어와 교육 자료의 개발에 도움을 주시기 바랍니다.

그럼 시작해 봅시다!

마리나와 미첼

스크래치 주니어를 소개합니다!

최근에 화려한 그래픽과 재미있는 음악을 담은 저연령 어린이용 교육 앱과 게임이 무수히 생겨났습니다. 하지만 이 교육 앱의 상당수는 부모와 교사들을 답답하게 만들고 있습니다. 그 가운데 저연령 어린이들에게 설계, 창작, 자기표현의 기회를 주는 프로그램이 거의 없기 때문입니다.

그래서 우리는 스크래치 주니어를 만들기로 하였습니다.

스크래치 주니어란 무엇인가?

　스크래치 주니어는 창작과 표현을 가능하게 해주는 입문용 프로그래밍 언어로, 만 5~7세의 어린이가 오늘날의 용어로 '코딩'을 통해서 쌍방향 프로그램을 만들게 해줍니다.

　어린이들은 스크래치 주니어의 프로그래밍 블록을 결합해서 캐릭터들이 움직이고 점프하고 춤추고 노래하게 만들 수 있습니다. 어린이들은 프로그램에서 캐릭터의 모양을 수정하고, 배경을 직접 그리고, 자기 목소리를 비롯한 각종 소리를 넣고, 심지어 자기 사진도 넣을 수 있습니다. 그런 뒤 프로그래밍 블록으로 이런 캐릭터들을 움직이게 만들 수 있습니다.

　스크래치 주니어는 전 세계 수백만 명의 어린이(만 8세 이상)가 사용하는 인기 프로그래밍 언어인 스크래치에 토대해서 만들어졌습니다. 우리는 각종 버튼과 프로그래밍 언어를 다시 설계해서 어린이의 발달 단계에 맞고 저연령 어린이들이 재미있어하도록 만들었습니다.

　그리고 그 효과를 최대화하기 위해서 어린이와 부모, 교사들의 많은 의견에 토대해서 수십 개의 시제품을 만들었습니다. 스크래치 주니어를 통해 어린이의 참여를 유용하게 이끌어낼 수 있기를 바랍니다.

왜 스크래치 주니어를 만들었는가?

　우리는 모든 어린이가 코딩을 배워야 한다고 생각합니다. '코딩'이라고 하면 대개 아주 어렵고 전문적이라고 생각하지만, 우리는 이것을 미래의 문자-모두가 익혀야 하는 기능이라고 봅니다. 코딩은 글쓰기와 마찬가지로 학습자들이 자기 생각을 정리하고 표현할 수 있게 해줍니다.

저연령 어린이가 스크래치 주니어로 코딩을 하면 단순히 다른 사람이 만든 소프트웨어를 사용하는 것을 넘어서, 컴퓨터로 창작을 하고 스스로를 표현하는 방법을 배웁니다. 어린이들은 체계적으로 사고하고, 원인과 결과를 탐색하고, 설계하고, 문제를 해결하는 능력을 키웁니다. 동시에 의미 있고 흥미로운 맥락에서 수학과 언어 능력을 키웁니다.

스크래치 주니어를 사용할 때, 어린이는 단순히 코딩만을 배우는 것이 아니라 코딩을 통해 여러 능력을 학습합니다.

누구를 위한 책인가?

이 책은 어린이에게 코딩, 더 나아가서 창조적 사고와 체계적 추론 능력을 가르치고자 하는 모든 사람을 위한 책입니다. 이 책은 코딩 경험이나 전문 기술이 없는 사람들을 기본 대상으로 하지만, 기술적 전문성은 있지만 저연령 어린이와 함께 일해 보지 않은 사람들에게도 도움이 될 수 있습니다.

스크래치 주니어는 특히 만 5~7세의 어린이가 다른 프로그래밍 언어의 예비 단계로 배우도록 설계되었습니다. 저연령 어린이들도 옆에서 조금만 가르쳐 주면 사용할 수 있고, 좀 더 높은 학년의 어린이들도 다른 프로그래밍 언어(스크래치 같은)로 넘어가기 전에 이것을 통해서 코딩의 기본을 익힐 수 있습니다.

그리고 물론 코딩 지식이 전혀 없는 부모님이나 교육자들도 이 책을 통해서 코딩의 기초를 배울 수 있습니다. 무언가를 배우는 최고의 방법은 그것을 다른 사람에게 가르치는 것입니다. 그러므로 어린이들에게 코딩을 가르치면서 부모님과 선생님 역시 배울 수 있습니다.

무엇이 필요한가?

먼저 태블릿 PC에 스크래치 주니어를 다운받으세요. 스크래치 주니어는 무료이며, iOS나 안드로이드 기반으로 작동합니다. *http://scratchjr.org*에 스크래치 주니어를 다운받는 링크가 있습니다. 아이패드 앱스토어에서도 다운받을 수 있고, 2세대 이후의 아이패드에서 작동합니다. 안드로이드 4.2(킷캣) 이후 버전을 갖춘 7인치 이상의 안드로이드 태블릿이 있으면 구글 플레이스토어에서 다운받으십시오.

이 책에는 어떤 내용이 있는가?

이 책은 네 개의 장으로 구성되었습니다. 1장에는 스크래치 주니어의 기본 기능을 익힐 수 있는 초보적 활동이 나옵니다. 2장부터는 여러분이 스크래치 주니어를 활용할 수 있는 기본 능력이 있다고 가정하고 있으니, 1장을 건너뛰지 마세요! 나머지 장에서는 저연령 어린이들이 스크래치 주니어로 만들 수 있는 프로그램을 보여 줍니다. 2장은 재미있는 애니메이션을, 3장은 쌍방향 이야기를, 4장은 재미있는 게임을 만드는 법을 일러 줍니다.

각 장은 간단한 몇 가지 활동을 통해 새로운 프로그래밍 블록과 기능을 익히고, 그렇게 익힌 기술을 통합해서 최종 프로그램을 만드는 방식으로 구성되어 있습니다. 그런 뒤에는 연령대에 맞는 수학 및 언어 능력을 키우고, 유용한 팁과 더 높은 단계로 나아가고자 하는 어린이들을 위한 도전 과제도 제시합니다.

마지막으로 부록에는 스크래치 주니어의 활용을 도와주는 자료와 일람표가 있습니다.

이 책을 어떻게 사용해야 하는가?

이 책에 나온 프로그램들은 스크래치 주니어의 기능을 단계별로 맞게 가르칠 수 있도록 일련의 활동을 결합해서 만든 것입니다. 하지만 이 책의 내용을 그대로 따를 필요는 없습니다. 책에서 제안하는 프로그램을 여러분이나 어린이의 흥미에 맞추어 자유롭게 선택하고, 조합하고, 응용하십시오. 어린이가 이끄는 대로 따르십시오. 설령 헤매더라도, 그 자체가 스스로 주도하는 학습 경험이 됩니다. 스크래치 주니어는 자기표현 수단입니다. 어린이들은 스크래치 주니어의 여러 버튼과 기능을 자유롭게 탐구하고, 자신에게 의미가 있는 캐릭터와 배경을 사용할 수 있어야 합니다. 실제로 그렇게 활용한다는 말을 우리는 학부모와 선생님들에게서 자주 듣습니다.

그리고 스크래치 주니어를 어떻게 익히고 있는지 우리에게 알려주세요! 여러분이 이 책을 사용하는 방법에 대한 정보는 앞으로 스크래치 주니어를 개선하는 데 큰 도움이 됩니다. *info@scratchjr.org*로 의견을 보내 주십시오.

즐거운 학습이 되길 바랍니다!

1장
시작

스크래치 주니어의 세계에 온 것을 환영합니다! 스크래치 주니어로 만들 수 있는 프로그램의 한계는 오직 여러분의 상상력의 크기에 달려 있습니다. 꿈꿀 수 있다면 만들 수 있습니다.

이 장에서는 스크래치 주니어의 기본 사용법을 배우면서, 함께 댄스 파티 애니메이션을 만들어 보겠습니다! 우리는 캐릭터를 움직이고, 말하게 하고, 배경을 바꾸고, 작업한 내용을 저장했다가 나중에 이어 작업을 하고, 또 그것을 친구에게 보여 줄 수 있게 됩니다. 항목을 지우고 작업을 취소하는 법도 배워 보겠습니다.

이 장이 끝나면, 우리는 스크래치 주니어의 기본 사용법을 알고, 프로그래밍 블록으로 캐릭터들을 움직일 수 있게 됩니다.

활동 1 : 댄스 파티를 하자!

스크래치 주니어 고양이가 무대 위에서 친구와 함께 춤을 추게 만들어 봅시다.

이 장에서 우리는 처음으로 프로그램을 만들어 보겠습니다.

1단계 : 앱을 열자

스크래치 주니어 앱을 열면 처음에 나오는 화면은 아래와 같습니다. 왼쪽에 있는 [홈] 버튼을 터치하세요.

2단계 : 새 프로그램을 만들자

홈 화면에는 우리가 저장한 스크래치 주니어의 프로그램이 모두 뜹니다. 다음의 그림은 이미 두 개의 프로그램이 저장된 화면입니다. 아직 아무 프로그램도 만들지 않았다면 플러스 기호(+)만 보일 것입니다. 플러스 기호를 터치해서 새 프로그램을 시작합시다.

3단계 : 고양이를 움직이게 만들자!

이곳이 마법이 일어나는 장소입니다! 우리는 이 스크래치 주니어 편집기를 이용해서 멋진 애니메이션, 흥미진진한 이야기, 재미있는 게임을 만들 수 있습니다. 우리가 하는 모든 작업은 화면 가운데에서 일어납니다. 이 공간을 '무대'라고 합니다.

각 프로그램 작업은 모두 스크래치 주니어 고양이와 함께 시작합니다. 고양이를 움직이게 만들려면 '동작 블록'을 사용합니다. 동작 블록은 파란색 '팔레트'에 있는 프로그래밍 블록입니다. 파란색 화살표 블록 하나를 손가락으로 끌어서 '프로그래밍 영역'에 놓습니다.

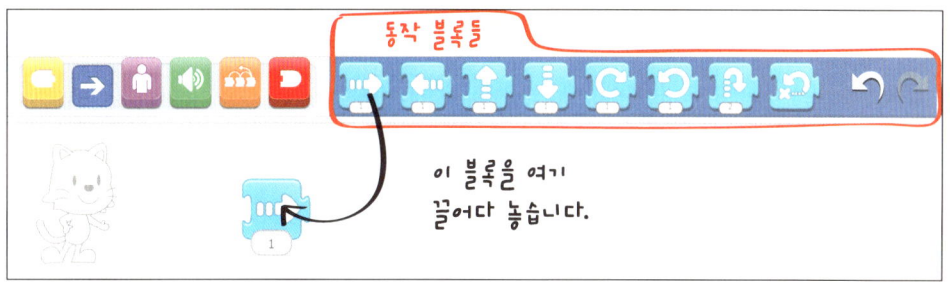

파란색 블록을 터치하면 고양이가 화살표 방향으로 움직입니다!

프로그래밍 영역에 다른 블록들도 끌어다 붙여 놓으면 연속된 동작을 만들 수 있습니다. 이것을 '스크립트'라고 합니다.

파란색 동작 블록을 몇 개 더 끌고 와서 고양이가 춤을 추게 해 봅시다. 각각의 블록은 어떤 동작을 만들까요? 어떤 블록들을 연결해야 멋진 춤이 될지 여러 가지 방법으로 실험해 보세요.

스크립트를 실행해서 고양이가 춤을 추는 모습을 보려면 스크립트에 있는 여러 블록 중 아무것이나 하나를 터치합니다. 어떤 블록을 터치해도 스크립트는 처음부터 시작하고, 실행되는 블록은 색이 진해집니다.

축하합니다! 이것으로 우리는 첫 컴퓨터 프로그램을 만들었습니다. 여기서 한 걸음 더 나아가서 댄스 파티를 만들어 봅시다!

4단계 : 녹색 깃발을 사용하자

프로그램을 실행시키는 방법은 스크립트를 터치하는 것 말고도 몇 가지가 더 있습니다. [녹색 깃발로 시작]을 사용해도 스크립트를 실행할 수 있습니다.

먼저, '블록 종류 영역'에서 노란 버튼을 터치하면 '시작 블록'들이 나타납니다. [녹색 깃발로 시작]을 선택하고, 이것을 프로그래밍 영역으로 끌고 와서 스크립트 앞에 붙입니다.

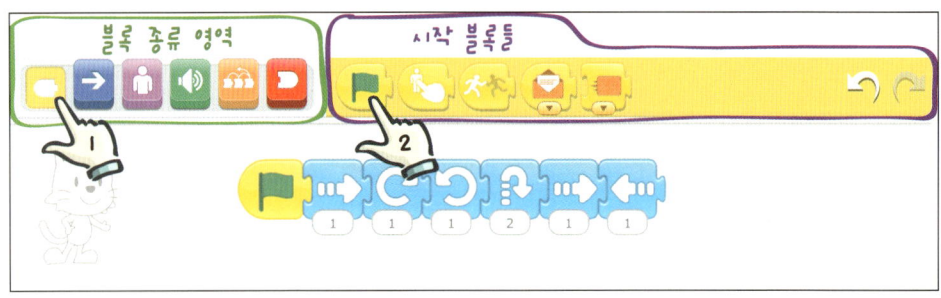

이제 화면 위쪽의 **[녹색 깃발]** 버튼을 터치합니다.

스크립트를 터치했을 때와 똑같이 고양이가 춤을 춥니다!

시작 블록은 이것 말고도 몇 가지가 더 있는데, 그 사용법은 이 책의 다른 프로그램들을 만들면서 알아보도록 합시다.

5단계 : 배경을 넣자

고양이가 하얀 바탕 말고 무대 위에서 춤을 추게 합시다. 배경을 선택하려면 메인 화면 위쪽에 있는, 파란 하늘과 풀밭이 그려진 버튼을 터치합니다. 이것이 '배경 교체 버튼'입니다.

그러면 우리가 사용할 수 있는 여러 가지 배경이 뜹니다. 춤추는 고양이를 위해서 극장(Theatre)을 선택합니다. 그런 뒤 위쪽의 체크 표시(√)를 터치해서 배경을 무대에 띄웁니다.

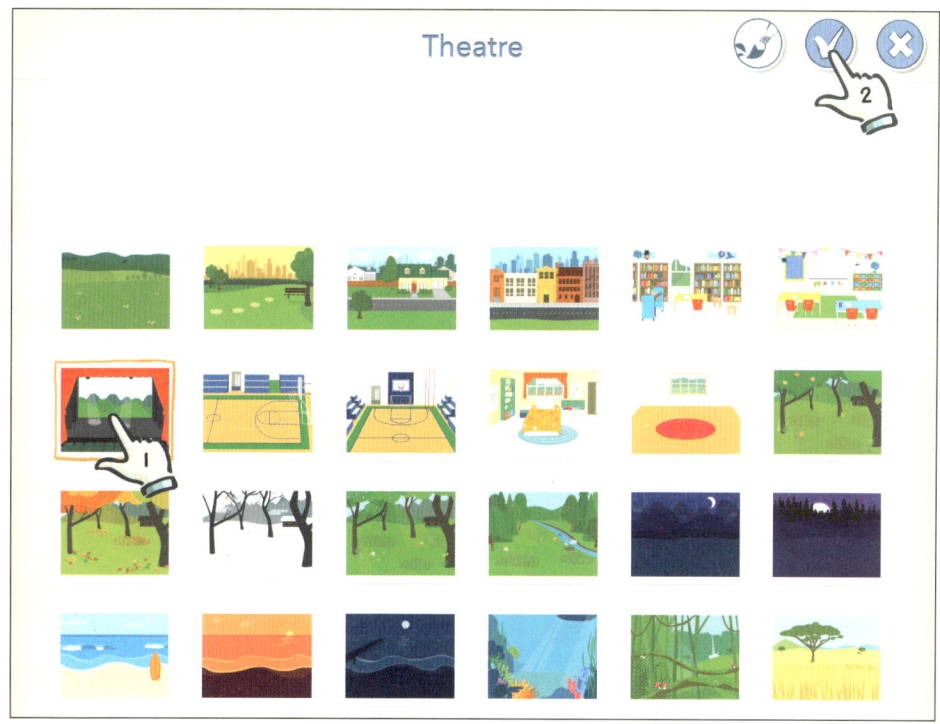

야호! 우리 고양이가 스타가 되었어요!

1장

고양이가 생글생글 웃으며 춤을 춥니다. 하지만 혼자서 춤을 추니 외로워 보이네요……

6단계 : 새로운 캐릭터를 넣자

우리 고양이에게 친구를 만들어 줍시다. 캐릭터를 더해 넣으려면 화면 왼쪽에 있는 플러스 기호(+)를 터치합니다.

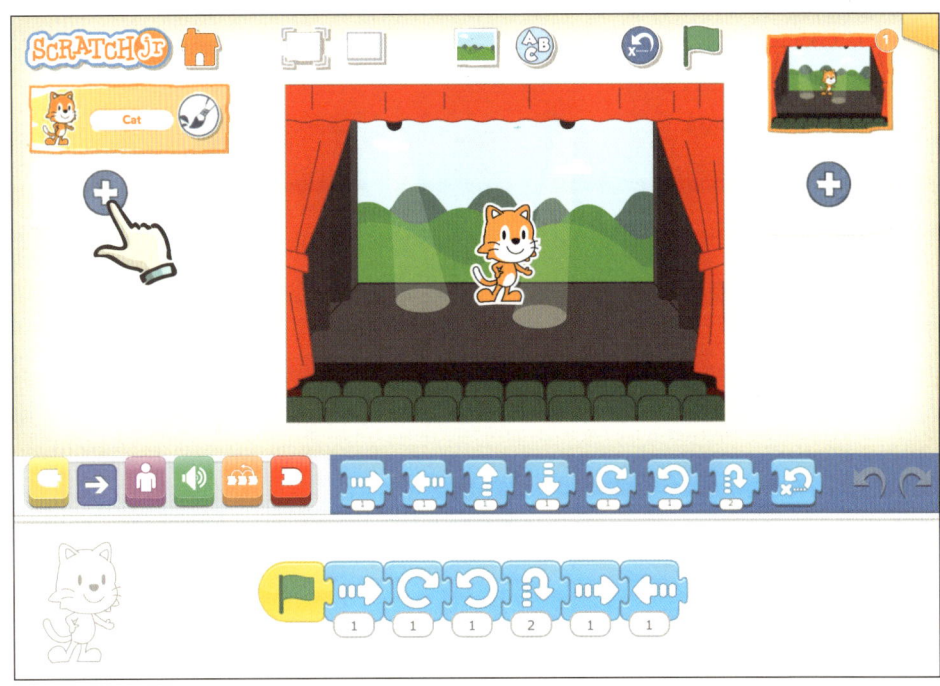

화면을 내려 보면, 우리가 선택할 수 있는 캐릭터가 아주 많습니다. 넣고 싶은 캐릭터를 터치한 후 체크 표시를 터치해서 프로그램에 넣습니다. 여기서는 펭귄을 골랐습니다.

이제 무대에 두 캐릭터가 있습니다. 무대 왼쪽 공간은 '캐릭터 영역'입니다. 이 영역은 우리 프로그램에 나오는 캐릭터들을 보여 줍니다.

새로운 캐릭터는 항상 무대 중심에 나옵니다. 캐릭터의 위치를 바꾸려면 손가락을 대고 원하는 곳으로 끌어다 놓습니다. 여기서는 두 캐릭터를 모두 조명 아래 끌어다 놓았습니다.

1장

　새로운 캐릭터를 선택했더니 고양이에 대한 스크립트가 어디론가 사라졌습니다. 하지만 걱정할 것 없습니다. 스크립트는 삭제되지 않았습니다! 고양이의 스크립트는 고양이의 프로그래밍 영역에 있습니다. 이 화면은 펭귄의 프로그래밍 영역입니다. 고양이의 스크립트를 보려면, 왼쪽의 캐릭터 영역에서 고양이를 터치합니다. 그러면 고양이의 스크립트가 그대로 나타납니다. 이제 다시 펭귄을 선택해서 펭귄의 춤 동작을 만들어 봅시다.

7단계 : 춤만 추지 말고, 말도 하자!

　펭귄이 먼저 말을 하고 나서 춤을 추게 해 봅시다. 보라색 [말하기] 블록을 사용하면 캐릭터에 말풍선을 달 수 있습니다. 블록 종류 영역에서 보라색 버튼을 터치하면 '모양 블록'들이 뜹니다.

32

[말하기] 블록을 프로그래밍 영역에 끌어다 놓습니다.

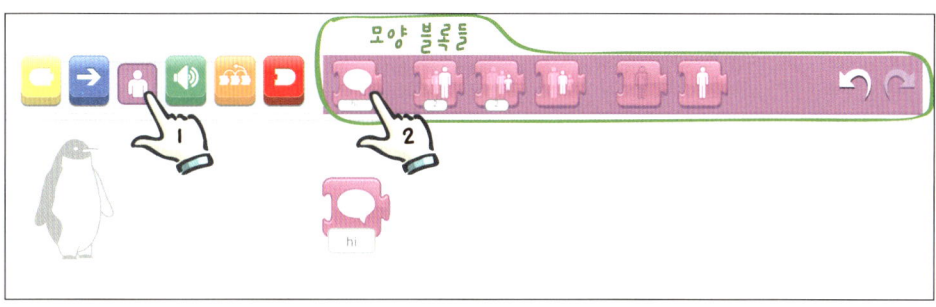

[말하기] 블록에 적힌 "hi(안녕)"라는 말을 "춤을 추자!"로 바꾸어 봅시다. 'hi'라는 말을 터치하면 키보드가 나타납니다. 백스페이스 키로 'hi'를 지우고 **'춤을 추자!'** 또는 펭귄에게 시키고 싶은 말을 입력합니다.

파란색 동작 블록을 몇 개 붙여서 펭귄이 춤을 추게 하고, 그런 뒤 펭귄의 스크립트 맨 앞에 [녹색 깃발로 시작]을 붙입니다.

이제 화면 위쪽의 [녹색 깃발] 버튼( )을 터치해서 어떻게 되는지 봅시다.

그러면 고양이와 펭귄의 스크립트가 동시에 실행될 것입니다. [녹색 깃발] 버튼을 터치하면, [녹색 깃발로 시작] 블록으로 시작하는 모든 캐릭터의 스크립트가 동시에 작동합니다. 이 방법은 우리가 캐릭터를 더 많이 넣어서 큰 프로그램을 만들 때 아주 유용합니다.

8단계 : 제목을 붙이자

무대에 제목을 붙이려면 화면 위쪽의 [글쓰기] 버튼( )을 터치합니다. 그러면 글을 쓰는 창이 뜨는데, 거기 댄스 파티라고 씁니다.

이 글 제목은 화면 어디에도 끌어다 놓을 수 있습니다.

[크기 변경]( ) 버튼과 [색깔 변경]( ) 버튼을 사용하면, 제목의 크기와 색깔을 바꿀 수 있습니다. 어떤 색깔과 크기의 제목이 우리 무대에 가장 잘 맞을지 시험해 봅시다. [이동(GO)]을 터치하면 글자가 무대에 나타납니다. 제목을 고치고 싶으면, 제목의 글자를 터치해 보세요. 그러면 글쓰기 창이 나타납니다.

9단계 : 프로그램에 이름을 붙이자

이제 프로그램에 이름을 붙여서 스크래치 주니어를 열어서 홈 화면을 보았을 때, 각각의 프로그램이 서로 구별되게 합시다.

프로그램에 이름을 붙이려면 화면 오른쪽 위쪽의 노란색 표시를 터치합니다. 그런 뒤 거기 적힌 제목(Project 1)을 지우고 **'댄스 파티'**를 입력합니다. 메인 화면으로 돌아가고 싶으면, 체크 표시를 터치합니다.

우리가 만든 프로그램을 스크래치 주니어가 있는 다른 사람에게 보내고 싶으면 이 화면에서 하면 됩니다. 프로그램을 보내는 자세한 방법은 스크래치 주니어 웹사이트의 FAQ(http://www.scratchjr.org/about.html#faq)를 참고하십시오.

이제 거의 끝났고, 중요한 한 단계만 남았습니다!

10단계 : 프로그램을 저장하자

프로그램을 저장하고 홈 화면으로 가려면, 왼쪽 위쪽에 있는 [홈]( ) 버튼을 터치합니다. 프로그램은 홈 화면으로 돌아가야만 저장되기 때문에 작업 내용을 날리지 않으려면 중간 중간 이 버튼을 터치해야 합니다.

작업을 계속하려면, 홈 화면에 있는 작은 프로그램 이미지를 터치하면 됩니다. 그러면 그 프로그램의 편집 화면으로 돌아갑니다.

유용한 팁

스크래치 주니어의 캐릭터는 모두 정면 아니면 오른쪽을 보는 모습으로 무대에 나타납니다. 캐릭터가 왼쪽을 보게 하려면 [왼쪽으로 이동] 블록을 프로그래밍 영역으로 끌어다 놓고 터치합니다.

그러면 캐릭터가 왼쪽으로 돌아서 그쪽으로 한 걸음을 갑니다. 그런 다음 이 버튼을 지우면 캐릭터는 계속 왼쪽을 봅니다.

어른들을 위한 팁

스크래치 주니어는 버튼이나 블록을 쓸 때, 동작의 종류에 따라 각기 다른 소리를 냅니다. 이 소리는 스크래치 주니어를 처음 사용할 때 아주 유용합니다. 예를 들어 블록을 스크립트에 연결할 때는 '딸깍' 소리가 납니다. 그러나 소리를 끄고 싶으면 태블릿 PC의 소리를 전부 꺼버려야 합니다.

겁 없이 탐험하자!

스크래치 주니어의 여러 가지 기능과 블록을 탐험할 때는 모든 것을 자유롭게 실험하고, 시험하고, 실행할 수 있어야 합니다. 우리는 프로그램을 원하는 대로 만들 수 있습니다. 파티 장소를 해변으로 바꾸어서 배경에 배를 띄울 수도 있고, 캐릭터들을 여럿 넣을 수도 있고, 그 밖에도 온갖 방식으로 수정할 수 있습니다. 스크래치 주니어의 좋은 점 하나는 작업한 내용이 마음에 들지 않으면 쉽게 지울 수 있다는 것입니다.

그를 위한 몇 가지 간단한 방법은 다음과 같습니다.

취소와 되살리기

방금 작업한 내용을 취소하고 싶으면 블록 팔레트 맨 끝에 있는 [취소] 버튼을 터치합니다. [취소] 버튼을 여러 번 터치하면, 여러 개의 동작을 한 번에 하나씩 차례로 취소할 수 있습니다.

만약 한 번에 여러 단계를 취소했다면, [되살리기] 버튼으로 가장 나중에 취소한 동작을 되살릴 수 있습니다.

항목 지우기

스크래치 주니어에서 무언가를 지우고 싶으면 그 항목에 손가락을 대고 잠시 기다립니다('길게 누르기'라고도 합니다). 그러면 그 위에 빨간 X표가 뜹니다. 그 X표를 터치하면 그 항목이 지워집니다.

프로그램 속의 캐릭터를 지우거나 홈 화면에서 프로그램을 지우고 싶은 경우에도 이렇게 하면 됩니다.

블록 지우기

프로그래밍 영역에서 블록 또는 스크립트 전체를 없애고 싶으면 그것을 블록 팔레트에 끌어다 놓으면 됩니다. 어떤 색깔의 팔레트건 상관없습니다. 화면에 떠 있는 팔레트와 지우려는 블록의 색깔은 서로 달라도 됩니다.

스크래치 주니어 버튼과 영역 안내

이제 기초를 배웠으니, 스크래치 주니어의 모든 버튼과 기능을 알아봅시다. 건너뛴 것들도 시험해 봅시다. 내용이 너무 많은 것 같아도 걱정할 필요 없습니다. 이 책의 나머지 부분에서 이것들의 사용법을 하나하나 배울 테니까요! 이 부분은 그냥 건너뛰고 필요할 때 돌아와서 보아도 됩니다.

먼저 편집기 위쪽의 버튼부터 봅시다.

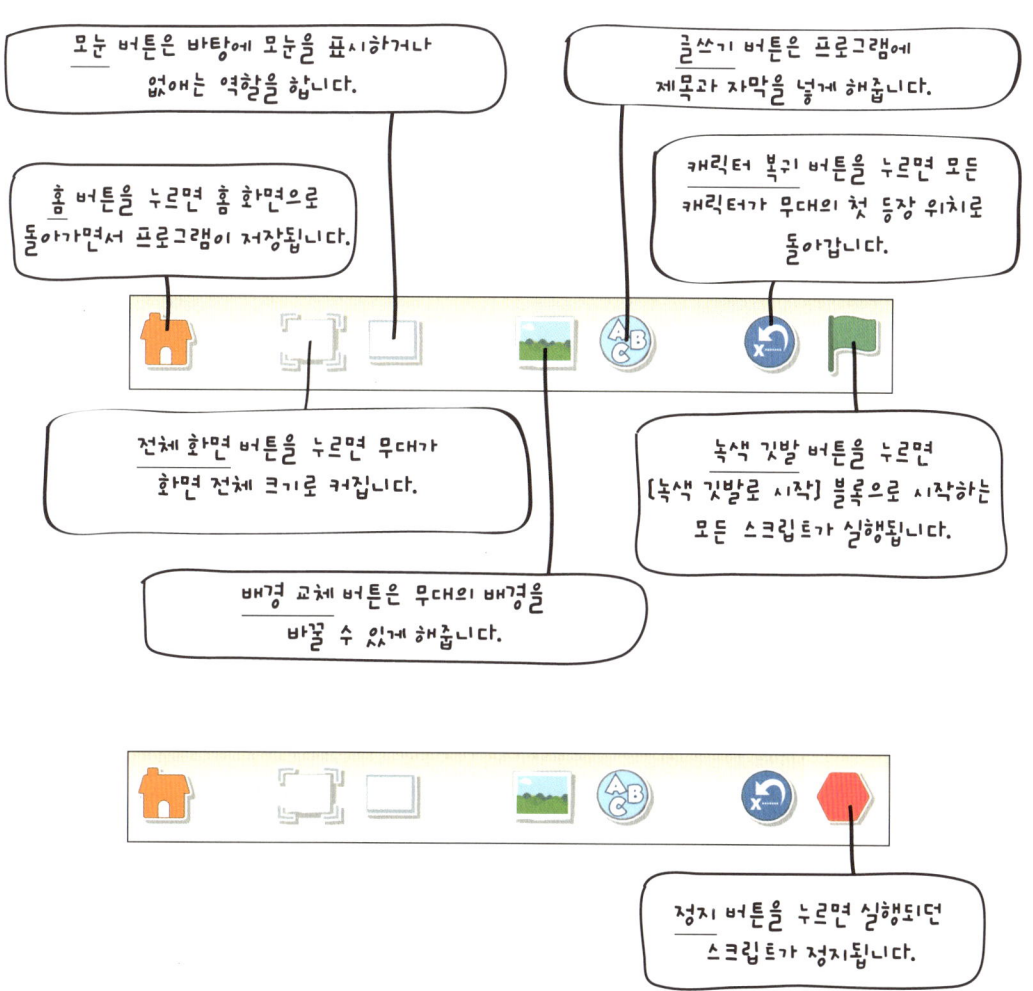

캐릭터 영역에서는 프로그램 속의 캐릭터를 골라서 그에 대한 스크립트를 작성할 수 있고, 플러스 기호를 터치해서 새로운 캐릭터를 넣을 수 있습니다. 이름을 터치하면 캐릭터의 이름을 바꿀 수 있고, 붓을 터치하면 이미지를 편집할 수 있습니다. 캐릭터를 지우려면 캐릭터 위에 손을 대고 빨간 X표가 뜰 때까지 기다렸다가 X표를 터치하세요.

프로그램 정보를 누르면, 프로그램의 제목을 바꾸고, 친구들에게 프로그램을 보낼 수 있습니다.

페이지 영역은 프로그램의 각 페이지로 갈 수 있게 해줍니다. 페이지 영역 사용법은 74쪽의 「페이지를 넘기자!」를 참고하세요.

블록 종류 영역은 프로그래밍 블록의 종류를 선택하는 곳입니다. 블록의 종류는 시작, 동작, 모양, 소리, 제어, 마무리 여섯 가지가 있습니다.

블록 팔레트는 프로그램에 넣을 블록들을 보여 줍니다.

다음에는 무엇?

이제 우리는 스크래치 주니어의 기초에 대해 알았습니다. 다음 장에서는 새 프로그래밍 블록들을 배우고 새로운 종류의 프로그램을 탐구해 보겠습니다.

2장
애니메이션

스크래치 주니어에 더 친숙해지기 위해서 간단한 애니메이션을 만들어 봅시다. 캐릭터들이 움직이게 하려면, 원하는 동작의 스크립트를 만들면 됩니다.

2장에서 우리는 네 가지 작은 활동을 함께 하고, 마지막에 애니메이션 하나를 만들어 보겠습니다!

활동 2 : 고양이를 움직이자!

스크래치 주니어 고양이를 화면 한쪽 가장자리에서 다른 쪽 가장자리로 이동시켜 봅시다. [오른쪽으로 이동] 블록이 모두 몇 개 필요한가요?

여기서 배울 것

이 활동에서 우리는 고양이를 화면 위에서 움직이는 몇 가지 방법을 알아보겠습니다. 스크래치 주니어의 모든 동작은 모눈 위에서 이루어지고, 우리는 동작 블록을 사용해서 고양이가 모눈 위를 몇 걸음 움직일지 조정해 볼 것입니다.

또 [녹색 깃발로 시작]을 사용해서 고양이를 처음 위치로 되돌려, 스크립트를 반복 실행하는 법도 배워 봅시다.

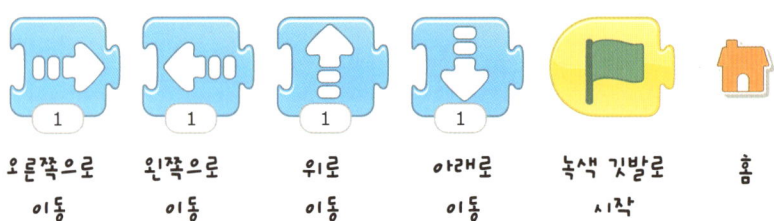

만드는 법

[오른쪽으로 이동] 블록을 여러 개 이어 붙이는 단순한 스크립트를 만들어 봅시다. 고양이는 블록 한 개마다 한 걸음씩 이동합니다. 하지만 이렇게 동작 블록을 계속 끌어다가 붙이는 일은 좀 힘들어 보입니다.

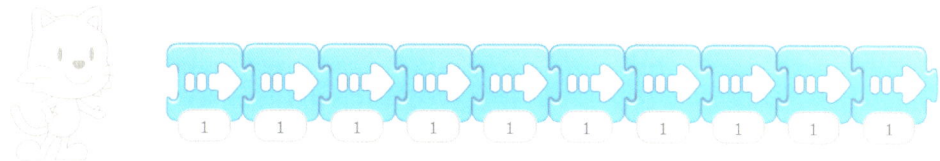

이 일을 더 쉽게 하는 방법이 있을 것 같은데…….
아하! 동작 블록 밑에 숫자 칸이 있네요. 이 숫자를 바꾸면 어떻게 되는지 봅시다.

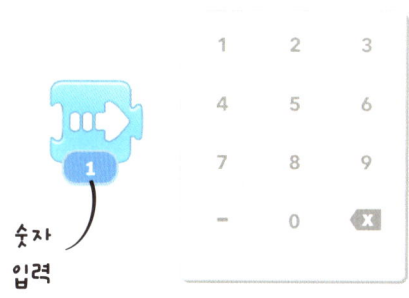

동작 블록 아래쪽의 숫자를 터치하면 프로그래밍 영역 오른쪽에 키패드가 나타납니다. 키패드로 숫자를 입력하고 블록을 터치합니다. 한 개의 프로그래밍 블록으로 고양이가 어디까지 움직이는지 봅시다.
이 숫자의 의미를 좀 더 알아볼까요?

1. 화면 위쪽의 **[모눈]** 버튼을 터치해서 모눈 바탕을 띄웁니다.

무대에 모눈이 나타납니다. 모눈은 캐릭터가 무대의 어디에 있는지 잘 파악할 수 있게 도와줍니다.

2. 이제 스크립트를 다시 터치합니다. 고양이가 무대 위의 한 장소에서 다른 장소로 이동할 때, 파란 네모가 고양이와 함께 움직일 것입니다. 그리고 숫자가 매겨진 파란 동그라미가 고양이가 이동한 위치를 보여 줍니다.

3. 파란 블록 팔레트에 가장 먼저 나오는 블록 네 개를 이용해서 고양이를 무대의 네 모퉁이에 모두 보내 봅니다.

4. 스크립트를 [녹색 깃발로 시작] 블록으로 시작하고, 화면 위쪽의 녹색 깃발을 터치해서 스크립트를 실행하면, 고양이는 스크립트를 실행하기 전의 위치로 돌아가서 동작을 합니다.

이 기능은 우리가 스크립트를 수정하고 그것을 시험할 때 편리합니다. 고양이가 항상 같은 위치에서 시작하기 때문입니다. 고양이의 시작 위치를 바꾸려면 고양이를 무대 위의 다른 장소에 끌어다 놓으면 됩니다.

5. 고양이를 무대의 네 모퉁이에 모두 보내 본 뒤에는 [홈] 버튼()을 터치해서 프로그램을 저장합니다. 그러면 홈 화면으로 돌아가고, 거기서 다른 프로그램을 열거나 새로운 프로그램을 시작할 수 있습니다.

유용한 팁

스크래치 주니어에는 대각선 방향으로 움직이는 블록이 없습니다. 고양이를 화면 구석으로 움직이고 싶으면, 가로로 움직이는 동작 블록과 세로로 움직이는 동작 블록을 함께 써야 합니다.

더 높은 단계로 도전!

같은 동작 블록이 여러 개 있으면, 숫자를 바꾸어서 스크립트를 단순하게 만들어 봅시다.

[점프] 블록의 숫자를 바꾸면 어떤 일이 일어나는지 볼까요?

숫자를 4로 바꾸는 것과 점프 블록 두 개를 나란히 붙이는 것은 서로 효과가 다릅니다.

[점프] 블록의 숫자는 캐릭터가 뛰어오르는 높이를 결정하지, 캐릭터가 몇 번을 뛰는지를 결정하지는 않습니다.

연결 학습

언어 학습 : 이름 짓기

고양이가 움직이는 프로그램을 만들었으니, 고양이 이름을 지어 봅시다! [붓] 버튼을 터치해서 그림 편집기를 연 뒤, 'Cat'이라고 적힌 말을 우리가 원하는 고양이 이름으로 바꿉니다.

수학 학습 : 10까지 가는 방법이 모두 몇 개인지 알아보기

스크립트를 실행하면 고양이가 모눈의 어느 칸으로 가게 될지 추측해 봅시다. 고양이를 특정 위치로 보내는 스크립트를 모두 몇 가지나 만들 수 있나요?

힌트 : 10까지 가는 스크립트를 작성하는 방법은 아주 많습니다. 동작 블록의 숫자를 바꾸어 가며 실험해 봅시다.

어른을 위한 팁

아이들은 캐릭터가 한 개의 동작 블록으로 몇 걸음을 간다는 것을 잘 이해하지 못할 수 있습니다. 그럴 때는 아래와 같은 두 가지 스크립트를 작성해서 캐릭터가 똑같은 거리를 움직인다는 것을 보여 주십시오.

활동 3 : 고양이를 빙글 돌리자!

다음으로는 고양이를 오른쪽(시계 방향) 또는 왼쪽(시계 반대 방향)으로 돌게 만들어 봅시다.

여기서 배울 것

이 활동에서 우리는 새로운 프로그램을 만들고, [오른쪽으로 돌기]와 [왼쪽으로 돌기] 블록으로 고양이를 시계 방향 또는 시계 반대 방향으로 기울이는 법을 배워 보겠습니다. 블록 몇 개를 써야 고양이가 한 바퀴를 완전히 돌지 알아봅시다. 그런 뒤 이 블록들을 사용하는 다른 방법들을 생각해 봅시다.

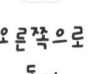

오른쪽으로 돌기　　왼쪽으로 돌기

만드는 법

1. 새 프로그램을 만들기 위해 홈 화면에서 플러스 기호를 터치합니다.

2. [오른쪽으로 돌기] 블록을 파란 블록 팔레트에서 프로그래밍 영역으로 끌어다 놓습니다.

3. 블록 숫자 칸의 숫자를 바꾸고, **[오른쪽으로 돌기]** 블록을 터치해서 고양이가 어떻게 움직이는지 봅시다.

숫자를 몇으로 해야 고양이의 위아래가 반대로 뒤집히는지 알아봅시다. 그런 뒤 숫자가 몇이 되어야 고양이가 한 바퀴를 완전히 도는지도 알아봅시다.

4. 스크립트는 반드시 **[녹색 깃발로 시작]** 블록으로 시작합니다. 그렇게 해야 고양이가 다시 똑바로 섰다가 돌기 때문입니다.
5. **[왼쪽으로 돌기]** 블록으로도 똑같이 해봅시다!

유용한 팁

고양이를 손가락으로 끌어서 화면의 다른 곳으로 이동시키면 시작 위치가 재설정됩니다. 하지만 손가락으로 고양이를 돌릴 수는 없습니다! 캐릭터를 돌리려면 동작 블록이 필요합니다.

더 높은 단계로 도전!

고양이가 도는 '동시에' 앞으로 움직여서 손 짚고 옆 돌기를 하게 만들어 봅시다.

힌트 : 이 일을 하려면 스크립트를 두 개 만든 뒤, [녹색 깃발로 시작] 블록으로 두 스크립트를 동시에 실행해야 합니다. 또 이 기술을 사용해서 [오른쪽으로 이동]과 [위로 이동] 블록을 동시에 쓰면 고양이를 대각선 방향으로 이동시킬 수 있습니다.

연결 학습

언어 학습 : 느낌 묘사하기

고양이가 왜 돌고 있는지 이야기를 만들어 보세요. 고양이는 기쁜가요? 슬픈가요? 어지러운가요? 자신이 만든 프로그램을 친구에게 보여 주면서 고양이가 그렇게 느끼는 이유를 설명해 봅시다.

수학 학습 : 시간 읽기

시곗바늘이 움직이는 모양을 생각하고, 그 방향을 고양이가 도는 방향과 비교해 보세요. [왼쪽으로 돌기] 블록과 [오른쪽으로 돌기] 블록 중에 어떤 것이 고양이를 시곗바늘과 같은 방향으로 돌게 할까요?

고양이가 몇 번을 돌아야 1/4바퀴를 도는지 알아봅시다. 그 숫자를 두 배로 키우면, 고양이가 1/2바퀴를 돌게 될까요?

어른을 위한 팁

[오른쪽으로 돌기]와 [왼쪽으로 돌기] 블록을 시계 문자반과 연결해서 생각할 수 있습니다. 돌기 한 번은 고양이가 '한 시간'을 가게 합니다. 그러니까 원의 1/12바퀴가 됩니다.

활동 4 : 숨바꼭질을 하자!

이 활동에서 고양이는 숨바꼭질 놀이를 합니다. 고양이는 세 번에 걸쳐서 사라졌다가 나타납니다.

여기서 배울 것

1장에서 우리는 보라색 블록을 사용해서 캐릭터에게 말풍선을 붙였습니다. 이 활동에서는 보라색 [감추기] 블록과 [보이기] 블록을 사용해서 고양이가 사라졌다가 다시 나타나게 만들어 보겠습니다.

감추기   보이기

만드는 법

1. 먼저 블록 종류 영역에서 보라색 버튼을 선택합니다. 이 블록들은 캐릭터의 모양을 조정합니다.

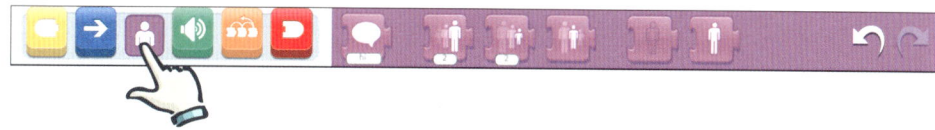

2. [감추기] 블록과 [보이기] 블록을 프로그래밍 영역에 끌어다 놓습니다. 하지만 아직 두 개를 연결하지는 않습니다. [감추기] 블록을 터치해서 어떤 일이 일어나는지 봅시다. 그런 뒤 [보이기] 블록을 터치합니다. 이 두 블록은 캐릭터가 사라지고 다시 나타나게 만듭니다.

3. 이제 **[감추기]**와 **[보이기]** 블록을 두 개씩 더 프로그래밍 영역에 끌어다 놓고, 처음의 [감추기], [보이기] 세트에 차례로 이어 붙입니다. 그러면 고양이가 사라졌다가 나타나는 일을 세 차례 반복합니다.

4. 스크립트를 터치해서 고양이가 숨바꼭질을 하는 모습을 봅니다.

유용한 팁

동작 블록과 [감추기], [보이기] 블록을 연결하면, 고양이가 모습을 감춘 상태에서도 움직이게 만들 수 있습니다!

더 높은 단계로 도전!

고양이가 사라졌다가 화면 위의 다른 장소에서 나타나게 해봅시다. 고양이가 두 번에 걸쳐 사라졌다 나타나고 그때마다 새로운 장소에 가 있게 만들 수 있나요? 세 번은 어떤가요?

다른 보라색 모양 블록들을 사용해 봅시다. [키우기]와 [줄이기] 블록입니다. 이것들을 쓰면 고양이의 모양이 어떻게 달라지는지 봅시다.

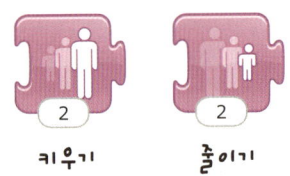

고양이를 얼마나 크게 만들 수 있나요? 그리고 얼마나 작게 만들 수 있나요? 이 블록 숫자 칸의 숫자를 바꾸면 어떤 일이 일어나는지 봅시다. 고양이를 본래의 크기로 되돌릴 수 있는지도 보고, [녹색 깃발로 시작] 블록이 고양이의 크기에 영향을 미치는지도 봅시다.

연결 학습

언어 학습 : 이야기하기

고양이는 왜 자꾸 사라질까요? 고양이가 사라졌다 나타났다 하는 이유를 이야기로 만들어서 친구에게 들려줍시다. 똑똑하고 분명하게, 스크립트를 보면서 이야기를 해 주세요!

수학 학습 : 관찰하기와 수 세기

고양이가 몇 번을 사라지고 나타나는지 횟수를 세어 봅시다. 이 숫자가 우리가 사용한 블록의 숫자와 일치하나요?

어른을 위한 팁

프로그래밍 블록을 [감추기] 블록 다음에 놓으면 어떻게 되는지 아이들과 대화를 해 보세요. 때로 아이들은 캐릭터가 사라진 뒤에 스크립트를 수행하는 모습을 왜 볼 수 없는지 잘 이해하지 못합니다.

[녹색 깃발로 시작] 블록은 캐릭터의 위치를 처음으로 돌리지만, 사라진 캐릭터를 보이게 하지는 않습니다.

활동 5 : 같은 일을 반복하자!

이 활동에서 우리는 같은 블록을 여러 개 사용하지 않고도 고양이가 무대에서 두 가지 이상의 동작을 반복하게 만들 것입니다.

여기서 배울 것

지금까지는 동작을 반복시키려면, 같은 블록을 여러 개 사용하거나 블록 안의 숫자를 바꾸어야 했습니다.

이 활동에서는 [반복] 블록과 [무한 반복] 블록을 사용해서, 한 가지 이상의 동작을 반복하게 만들겠습니다.

만드는 법

지난번 활동의 스크립트를 봅시다.

맨 처음 두 개의 블록([감추기] 블록과 [보이기] 블록)이 고양이가 사라졌다가 나타나게 합니다. 그런 뒤 [감추기]와 [보이기] 블록 패턴이 두 번 더 반복됩니다. 하지만 블록을 이렇게 여러 개 사용하는 대신 [반복] 블록을 써도 첫 번째 패턴이 반복되게 만들 수 있습니다.

1. 먼저, 뒤쪽에 있는 네 개의 블록을 없애기 위해 블록 팔레트에 끌어다 놓습니다. 그러면 [감추기] 블록도 [보이기] 블록도 하나씩만 남습니다.

2. 그런 뒤 블록 종류 영역에서 주황색 버튼을 선택해서 '제어 블록'들을 띄웁니다.

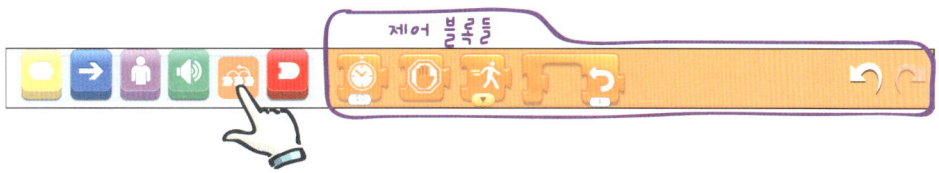

3. **[반복]** 블록을 프로그래밍 영역에 끌어다 놓고 그것으로 두 개의 보라색 블록을 감쌉니다.

[반복] 블록 속의 숫자는 원하는 대로 바꿀 수 있습니다. 스크립트가 지난번과 똑같은 동작을 수행하게 하려면, 숫자를 3으로 바꾸면 됩니다.

숫자 칸에 아주 큰 숫자를 넣으면 고양이가 계속해서 사라졌다 나타났다 합니다. 그러면 고양이가 끝없이 사라졌다 나타나게 만들려면 어떻게 할까요? 정답은 [반복] 블록을 쓰는 대신 스크립트 끝에 [무한 반복] 블록을 붙이면 됩니다. 한번 해봅시다! (반복되는 스크립트를 중지하려면 스크립트가 실행되는 동안 화면 위쪽의 녹색 깃발 자리에 나타난 빨간 정지 기호를 터치하면 됩니다.)

유용한 팁

프로그래밍 영역에서는 블록 여러 개를 동시에 끌고 다닐 수 있습니다. 지난번 스크립트에서 [감추기]와 [보이기] 블록 여섯 개 중 네 개를 한꺼번에 지우려면 세 번째 블록에 손가락을 놓고 블록 팔레트로 끌어다 놓으면 됩니다. 그 블록에서부터 오른쪽에 있는 블록이 모두 함께 움직입니다.

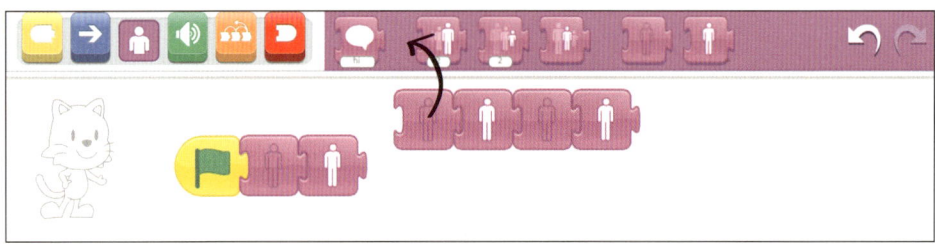

더 높은 단계로 도전!

[반복] 블록 안쪽과 바깥쪽에 다른 블록들을 붙여 봅시다. 파란 동작 블록을 써 보세요. 블록이 [반복] 블록 안에 있느냐 밖에 있느냐에 따라 움직임이 어떻게 달라지는지 봅시다.

우리는 [무한 반복] 블록으로 끝나는 스크립트에도 [반복] 블록을 쓸 수 있습니다. 한번 해봅시다! 전체 스크립트는 끝없이 반복되고, 반복될 때마다 [반복] 블록 안의 블록들은 숫자 칸에 적힌 숫자만큼 반복됩니다.

연결 학습

언어 학습 : 스크립트와 문장을 비교하기

고양이가 무대에서 움직일 때 스크립트의 블록들은 왼쪽에서 오른쪽 방향으로 하나씩 차례로 색이 진해집니다. 블록들이 왼쪽에서 오른쪽 방향으로 색이 진해지는 것은 스크래치 주니어가 스크립트를 책의 문장처럼 읽기 때문입니다! 어떤 블록은 다른 블록보다 실행하는 데 시간이 오래 걸립니다. 그것은 낱말 중에도 짧은 낱말이 있고 긴 낱말이 있는 것과 비슷합니다.

어른을 위한 팁

아이들이 스크립트가 실행되는 동안 프로그래밍 영역을 보면서 스크립트의 흐름을 이해할 수 있게 해 주세요. 현재 실행되는 블록은 색깔이 진해집니다. 이 그림에서는 [보이기] 블록이 진한 보라색이 되었습니다. 이것은 그 순간 그 블록이 실행되고 있다는 뜻입니다.

다음에 스크래치 주니어 스크립트를 실행할 때 자세히 관찰해 보면 프로그램이 어떻게 실행되는지 알 수 있습니다. [전체 화면]이 아니라 메인 편집 화면에서 스크립트를 실행해 보면 각각의 블록이 어떤 동작을 수행하는지 정확히 볼 수 있는 이점이 있습니다.

수학 학습 : 두 스크립트 비교

[반복] 블록을 사용하는 스크립트를 하나 만들고, 이어서 [반복] 블록 없이 똑같은 일을 하는 스크립트를 만듭니다. 두 개의 스크립트를 비교하고 왜 이 두 가지가 똑같은 일을 하는지 말해 봅시다.

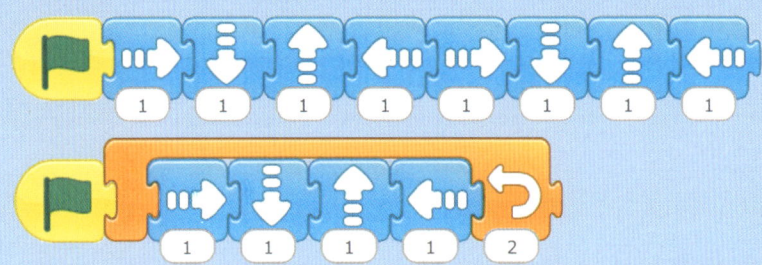

어른을 위한 팁

[반복] 블록으로 다른 블록들을 감싸려고 할 때면, [반복] 블록의 회색 그림자가 프로그래밍 영역에 나타납니다. 이 그림자는 정확히 어떤 블록들이 [반복] 블록 안에 들어갈지를 보여 줍니다.

[반복] 블록을 내려놓은 뒤에도 그 안에 다른 블록을 더 넣을 수 있습니다. 그러니 처음 [반복] 블록으로 감쌀 때 원하는 블록 전부를 [반복] 블록 안으로 넣지 못했어도 걱정할 필요가 없습니다.

프로그램 시간! 할아버지의 농장

우리는 이제 동물 세 마리와 헛간 한 채가 있는 농장을 만들고, [녹색 깃발] 버튼을 터치하면 동물들이 움직이도록 해 보겠습니다. 앞에서 배운 여러 가지 기술, 그러니까 움직이고 돌고 보이고 감추고 반복하는 기능을 모두 사용할 것입니다.

만드는 법

먼저 동물이 세 마리 이상 있는 농장을 만듭니다.

1. 배경을 설정하기 위해서 동물들이 풀을 뜯기에 좋은 배경을 찾아봅시다. **[배경 교체]** 버튼을 터치한 뒤, 이어 농장(Farm)을 터치하고 체크 표시를 터치하면 무대에 농장이 나타납니다.

2. 이제 동물을 넣을 수 있습니다. 먼저 토끼로 시작합시다. 고양이 아래쪽의 플러스 기호를 터치해서 새 캐릭터를 넣습니다. 토끼를 선택하고 체크 표시를 터치합니다.

3. 이제 [녹색 깃발] 버튼을 터치하면 토끼가 사라졌다가 나타났다가 이리저리 움직이게 만들려고 합니다. 아래의 블록들을 프로그래밍 영역에 끌어다 놓고 연결해서 이런 스크립트를 만들어 보세요.

4. 토끼의 스크립트를 만들었으니, 화면에 다른 동물들도 넣어서 그 동물들 역시 [녹색 깃발] 버튼을 터치하면 움직이게 만들어 봅시다.

두 개 이상의 동물을 농장에 더 넣고, 그들이 무대 위를 돌아다니게 합니다. [점프] 블록으로 닭이 깡충깡충 뛰어다니게 할 수도 있습니다. 아니면 돼지가 빙글빙글 돌게 할 수도 있습니다. 소를 더해 넣고 [왼쪽으로 이동]과 [오른쪽으로 이동] 블록에 [무한 반복] 블록을 붙여서 계속 왔다 갔다 하게 만들 수도 있습니다.

농장에 어떤 동물들을 넣을까요? 원하는 만큼 다른 동물을 더 넣어 보세요! 닭과 돼지를 넣으면, 우리의 농장은 이런 모양이 됩니다.

5. 이 농장에는 고양이가 없습니다. 프로그램에서 고양이를 지우고 싶으면 고양이에 손가락을 대고 잠시 기다리세요. 고양이 위에 빨간 X표가 뜨면, 그것을 터치해서 고양이를 지웁니다. 캐릭터 목록 말고 무대에서도 같은 방식으로 고양이를 지울 수 있습니다.
6. 이 농장에는 헛간이 있습니다. 헛간은 우리가 프로그램에 넣을 수 있는 캐릭터 중의 하나입니다. 헛간도 농장에 넣어 봅시다.

유용한 팁

프로그램에 캐릭터가 여럿 있고, 모든 캐릭터의 스크립트가 [녹색 깃발로 시작] 블록으로 시작하면, 반드시 화면 위쪽의 [녹색 깃발] 버튼을 터치해서 동작을 시작해야 합니다. 스크립트의 [녹색 깃발] 블록을 터치하면 선택한 캐릭터만 움직입니다.

더 높은 단계로 도전!

우리 자신을 농장에 넣을 수는 없을까요? 우리하고 비슷하게 생긴 캐릭터를 만들어 봅시다. 방법은 다음과 같습니다. 새 캐릭터 버튼을 터치한 뒤 얼굴에 눈코입이 없는 사람을 선택하고 체크 표시를 터치합니다.

캐릭터에 우리 얼굴을 넣으려면 그림을 편집해야 합니다. 우리가 고른 캐릭터 옆의 [붓] 버튼을 터치합니다.

그림 편집기가 열립니다. 우리 얼굴을 넣으려면 [카메라] 도구를 터치하고, 캐릭터의 얼굴을 터치합니다.

이제 사진을 찍을 수 있습니다.

우리 얼굴이 캐릭터의 얼굴 속에 잘 들어가도록 맞춘 뒤, **[카메라]** 버튼을 터치합니다. 자, 이제 우리 얼굴이 스크래치 주니어에 나옵니다!

연결 학습

언어 학습 : 새 단어 배우기

농장에 사는 여러 동물의 이름을 알아봅시다. 이 이름을 〈할아버지의 농장〉 프로그램에 사용할 수 있나요?

우리는 프로그램에 글도 넣을 수 있고, 글자처럼 보이는 캐릭터도 만들 수 있고, 본래 있는 캐릭터의 이름도 바꿀 수 있습니다!

수학 학습 : 사용한 블록의 개수 세기

우리의 프로그램에 사용한 블록의 개수를 세어 봅시다. 파란색(동작), 노란색(시작), 보라색(모양) 블록을 모두 몇 개나 썼나요? 사용한 블록의 종류를 표나 그래프로 만들어 보세요. 가장 많이 사용한 블록은 어떤 색깔인가요?

어른을 위한 팁

화면 위쪽의 [녹색 깃발] 버튼을 터치했을 때 일부 캐릭터가 움직이지 않으면, 모든 캐릭터가 [녹색 깃발로 시작] 블록으로 시작하는지 스크립트를 다시 한 번 확인하세요.

아이들은 캐릭터들이 생각한 대로 움직이지 않으면 짜증을 내기도 합니다. 프로그래밍을 할 때 중요한 과정 하나가 '디버깅' - 프로그램을 테스트하고, 잘못을 찾아서 고치는 것이라는 점을 일러 주십시오.

3장
이야기

스크래치 주니어를 활용하면 애니메이션에 대화를 넣고 장면을 여러 개 붙여서 길게 이어지는 이야기를 만들 수 있습니다. 이야기책처럼, 캐릭터가 서로 대화하고 다른 장소로 가게 만들어 봅시다. 우리는 스크래치 주니어로 이야기에 생명을 불어넣고 영화처럼 눈앞에 펼쳐지게 할 수 있습니다!

이 장에서 소개하는 여섯 가지 활동을 통해 우리는 캐릭터가 말하고, 다른 장면으로 이동하고, 또 프로그램 속에서 동작의 속도와 타이밍을 조절하게 만들어 보겠습니다.

그리고 마지막으로 이 모든 기능을 활용해서 〈토끼와 거북이〉 이야기 프로그램을 만들겠습니다.

활동 6 : 목소리를 넣자!

고양이가 말과 소리로 공연하게 합시다! 우리는 고양이가 공연할 노래나 소리를 녹음할 수 있고, 고양이가 할 말을 말풍선으로 달아 줄 수도 있습니다.

여기서 배울 것

이 활동에서는 캐릭터가 낼 소리를 녹음하는 법과 캐릭터에게 말풍선을 다는 법을 배우겠습니다.

녹음 재생

말하기

만드는 법

1. 극장 배경을 선택합니다. 그런 뒤 **[녹색 깃발로 시작]**으로 고양이의 스크립트를 시작합니다.

2. 블록 종류 영역에서 녹색 버튼을 터치해서 팔레트에 '소리 블록'을 띄웁니다. **[마이크]** 버튼을 터치하면 소리를 녹음할 수 있습니다.

3. 여기서 **[녹음]** 버튼을 터치하면 소리가 녹음되고, **[정지]** 버튼을 터치하면 녹음이 정지됩니다. **[재생]** 버튼을 터치하면 녹음한 소리가 재생됩니다.

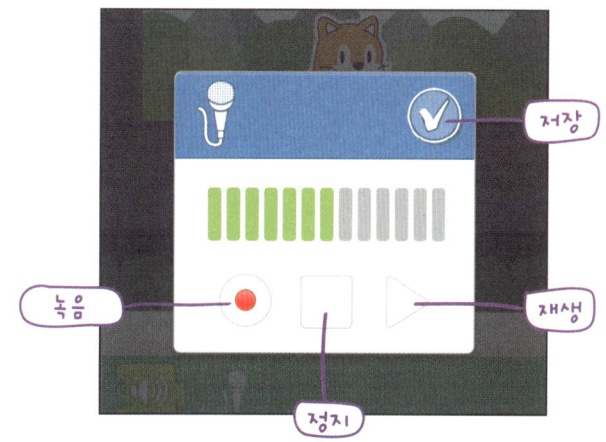

녹색 소리 막대는 녹음하는 소리의 크기를 보여 줍니다. 소리 막대가 많으면 소리가 크다는 뜻입니다.

4. 녹음한 소리가 마음에 들면, 체크 표시를 터치해서 저장합니다. 그 소리는 [녹음 재생] 블록으로 저장되고, 그것을 스크립트에 붙일 수 있습니다.

5. 캐릭터에게 말풍선을 달아 줄 수도 있습니다. 블록 종류 영역에서 보라색 버튼을 터치해서 팔레트에 모양 블록을 띄웁니다. **[말하기]** 블록을 프로그래밍 영역에 끌어다 놓고 스크립트 끝에 붙입니다.

6. 말풍선 아래쪽의 흰색 네모 칸을 터치한 뒤 백스페이스 키로 거기 있는 글을 지웁니다. 그런 뒤 고양이가 할 말을 써 넣고, **[이동]**을 터치합니다. 말을 길게 쓰면, 말풍선은 그걸 다 읽을 수 있도록 무대에 조금 오래 나타납니다.

7. 스크립트가 완성되면, 화면 위쪽의 **[녹색 깃발]** 버튼을 터치해서 고양이의 공연을 보세요!

유용한 팁

녹음한 내용을 저장하기 전에 미리 들어 볼 수 있습니다. 녹음한 내용이 마음에 들지 않으면 [녹음] 버튼을 다시 눌러서 새로 녹음할 수 있습니다.

[녹음 재생] 블록은 우리가 소리를 녹음해서 저장했을 때에만 녹색 팔레트에 나타납니다. 각 프로그램에서 한 페이지에 캐릭터마다 최대 다섯 개의 소리를 녹음할 수 있습니다. (페이지를 여러 개 만드는 법은 74쪽 「활동 7 : 페이지를 넘기자!」에서 배울 것입니다.)

소리를 지우고 싶으면 [녹음 재생] 블록을 오래 누릅니다.

빨간 X표가 나타나면, 그것을 터치해서 소리를 지웁니다.

더 높은 단계로 도전!

소리와 말풍선이 동시에 나오게 만들 수 있을까요? 한 캐릭터에 두 개의 스크립트를 만듭니다. 두 개의 스크립트를 모두 그 캐릭터의 프로그래밍 영역에 넣고, 둘 다 **[녹색 깃발로 시작]**으로 시작합니다. 하지만 두 스크립트를 연결하지는 않습니다!

힌트 : 스크립트 한 개는 [녹음 재생] 블록만 담아야 합니다.

연결 학습

언어 학습 : 발표

말하기, 노래하기, 말풍선을 결합해서 고양이의 공연을 완성해 봅시다. 소리를 녹음할 때는 말을 똑똑히 해서 다른 사람들이 잘 이해하게 합니다.

소리가 잘 녹음될 때까지 얼마든지 다시 녹음할 수 있습니다. 가장 잘 녹음된 소리를 스크립트에 사용하세요. 프로그램이 완성되면 친구들에게 스크립트에 대해 이야기하고 질문에 대답해 봅시다.

수학 학습 : 더하기와 빼기

고양이가 노래를 하게 만들었으면 이제 춤을 추게 해 봅시다! 춤을 추는 데는 파란색 동작 블록을 사용해야 합니다. 고양이가 춤을 출 때 [점프], [오른쪽으로 이동], [왼쪽으로 이동]을 몇 번씩 하는지 세어 봅시다. 스크립트에 춤 동작은 모두 몇 개인가요? 거기서 점프 블록을 모두 빼면 춤 동작은 몇 개가 남나요?

어른을 위한 팁

사용하는 기기에 마이크가 내장되어 있는지 확인하고, 소리를 재생할 때는 음량을 키웁니다.

아이패드의 문제점 해결 : 스크래치 주니어를 처음 다운받으면, 아이패드는 마이크와 카메라를 사용할 것인지 묻습니다. 이 질문에 '아니오'라고 답했지만 이제 마이크를 사용하고 싶다면, 기기의 [설정]으로 가서 앱 목록에서 스크래치 주니어를 찾은 뒤 스크래치 주니어가 마이크와 카메라를 사용할 수 있게 변경합니다.

같은 소리를 복사해서 다른 캐릭터가 쓰게 할 수는 없습니다. 녹음한 소리는 각각 특정 캐릭터에게 (그리고 특정 페이지와 프로그램에) 저장되고 그 캐릭터의 스크립트에서만 쓸 수 있습니다. 어린이들이 소리를 녹음할 때 그것이 어떤 캐릭터의 소리인지 확실히 알게 해 주십시오.

활동 7 : 페이지를 넘기자!

우리 학교에 대한 이야기를 만듭시다! 지금까지의 프로그램에서는 모든 동작이 한 장소에서 일어났습니다. 이 활동을 통해서 우리는 책의 페이지를 넘기듯 배경이 바뀌고 장면이 바뀌게 만들 것입니다.

우리의 캐릭터가 학교의 각기 다른 장소를 돌아다니게 만들려면, 장소마다 새로운 페이지를 만들어 주어야 합니다.

여기서 배울 것

이 활동에서 우리는 스크래치 주니어에 두 개 이상의 페이지를 만드는 법을 배우겠습니다. 새로운 페이지를 만들고, 거기에 배경과 캐릭터를 넣은 뒤 [페이지 이동] 블록을 사용해서 이야기가 처음부터 끝까지 죽 이어지게 만들어 봅시다.

페이지 이동

만드는 법

여기의 예에서는 학교의 세 장소를 사용할 것입니다. 교실과 체육관, 그리고 나머지 한 곳은 각자가 선택해 봅시다.

1. 먼저 교실(Classroom)을 배경으로 선택하고, 이야기의 캐릭터를 고릅니다.

2. 고양이는 학교에 없으니까, 왼쪽에서 고양이를 누르고 기다렸다가 빨간 X표를 터치해서 고양이를 지웁니다.

3. 이 장면에서 캐릭터가 무슨 일인가 하게 만듭니다. 여기서는 그냥 **[녹색 깃발]** 버튼을 터치하면 이 학생이 옆으로 이동하게 만들겠습니다.

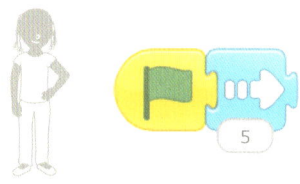

4. 새 페이지를 만들 준비가 되면, 화면 오른쪽의 플러스 기호를 터치합니다.

그러면 이야기의 다음 장면이 될 새로운 페이지가 생겨납니다!

3장

마치 새로운 프로그램을 시작하는 것처럼 보이지만, 화면 오른쪽의 페이지 목록에 교실 장면이 보입니다. 우리는 그저 페이지를 넘긴 것입니다.

5. 2페이지에 쓸 배경을 선택합니다. 이번에는 체육관(Gym)입니다.

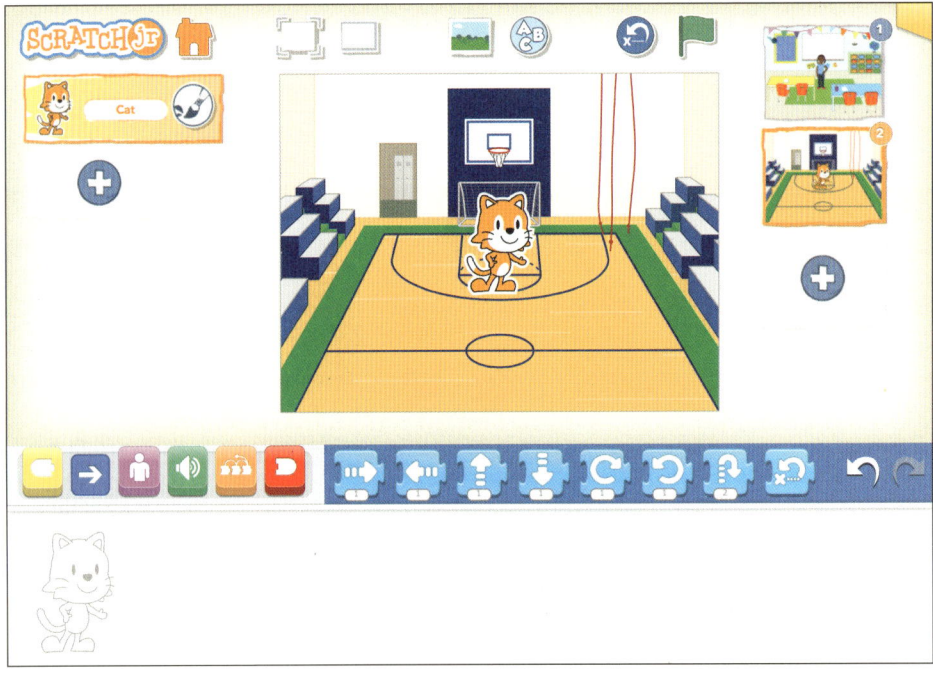

6. 1페이지의 캐릭터가 이 페이지에도 있어야 하기 때문에 이번에도 역시 여학생을 선택하고 고양이를 지웁니다.

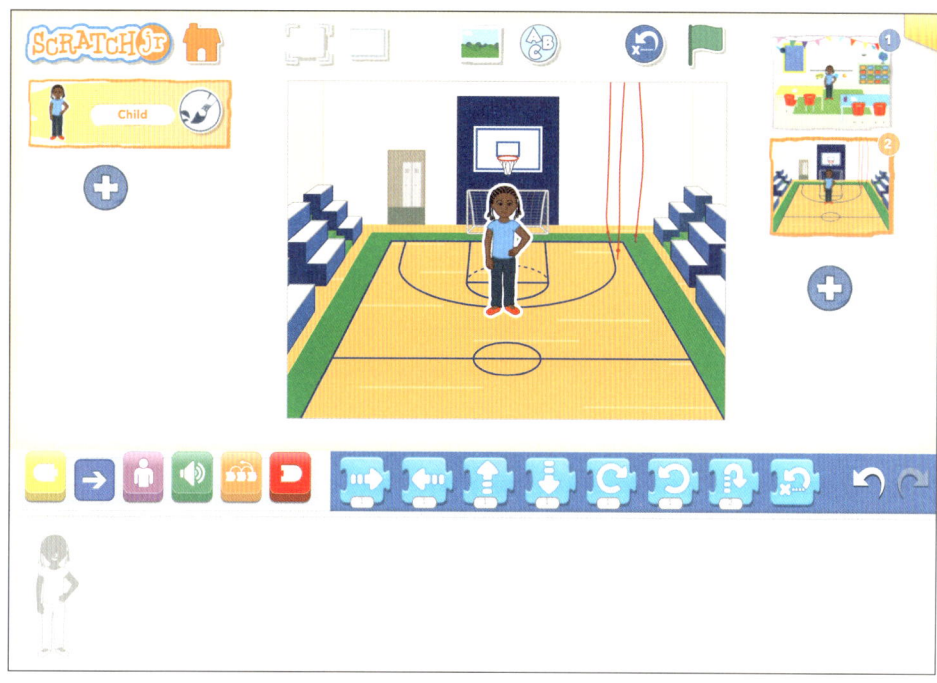

7. 체육관에서 여학생이 "운동하자!" 하고 말한 뒤 몇 번 점프하게 합니다.

8. 자신의 학교에 있는 다른 방과 비슷한 배경을 선택해서 세 번째 페이지를 만듭니다. 여기서는 도서관(Library)을 골랐습니다. 여학생을 넣고, 고양이를 지우고, 캐릭터에게 시킬 동작을 만듭니다.

이 예에서는 학생이 서가 앞의 작은 의자로 걸어가서 거기 올라선 뒤 "의자에 올라가면 책을 내릴 수 있어!"라고 말합니다.

9. 세 페이지가 다 완성되면 각 페이지를 연결해서 동작이 이어지게 해야 합니다. 목록에서 1페이지를 터치해서 그리로 갑니다.

10. 이제 블록 종류 영역에서 빨간 버튼을 터치해서 '마무리 블록'을 띄웁니다. 새 페이지를 만들면 항상 [페이지 이동] 블록이 생겨나고, 이 블록 안에는 우리가 만든 페이지들이 작은 그림으로 들어 있습니다. (이것을 '섬네일'이라고 합니다.)

11. **[2페이지로 이동]** 블록을 1페이지 캐릭터의 스크립트 맨 뒤에 붙입니다.

이 스크립트가 끝나면, 페이지가 넘어가서 이야기의 2페이지로 건너갑니다.

12. 이제 2페이지를 터치하고, 그곳의 스크립트 끝에 **[3페이지로 이동]** 블록을 붙입니다.

13. 1페이지를 터치해서 그리로 갑니다. 이제 화면 위쪽의 **[녹색 깃발]** 버튼을 터치하면, 동작이 1페이지부터 3페이지까지 멈추지 않고 이어집니다. 새 페이지가 시작할 때마다 [녹색 깃발로 시작] 블록으로 시작하는 스크립트들이 모두 자동 실행됩니다.

유용한 팁

프로그램에 캐릭터와 페이지를 더하면, 스크래치 주니어는 화면에 그 과정을 기록합니다. 캐릭터는 왼쪽에 나타나고, 페이지는 오른쪽에 나타납니다. 이 캐릭터나 페이지들을 지우고 싶으면 이 목록 위에 손을 대고 있다가 빨간 X표가 나타났을 때 지우면 됩니다. 페이지의 순서를 바꾸려면 페이지를 위나 아래로 끌어다 놓으면 됩니다.

한 페이지의 캐릭터를 다른 페이지로 복사하고 싶으면, 캐릭터 영역의 캐릭터를 페이지 섬네일에 끌어 놓으면 됩니다.

3장

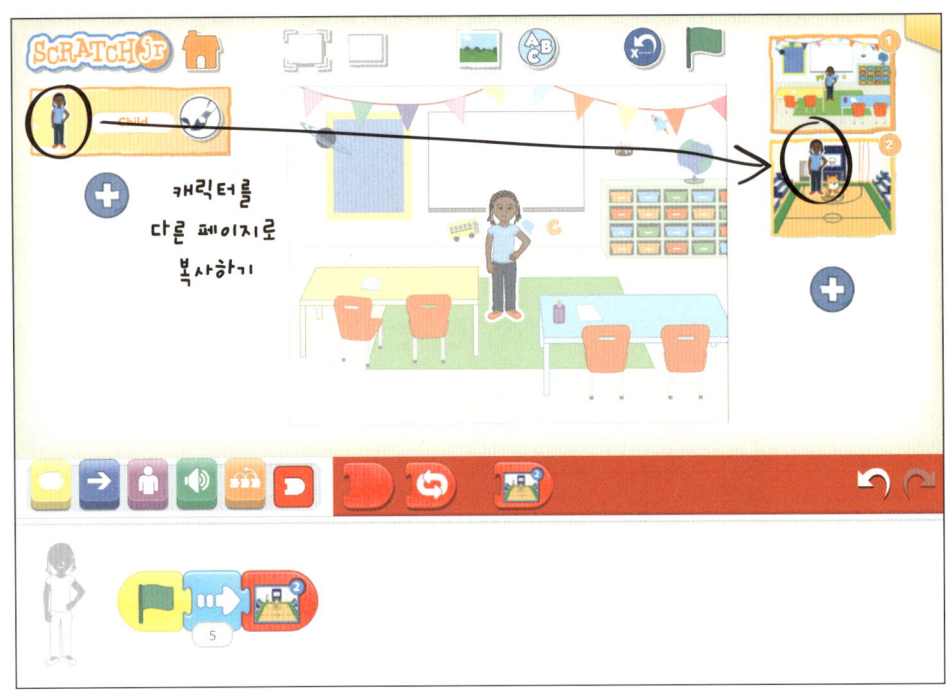

그런 뒤 새 페이지에서 캐릭터의 스크립트를 바꿀 수 있습니다. 이렇게 해도 원래 페이지의 캐릭터 스크립트는 변하지 않습니다.

더 높은 단계로 도전!

이 이야기에 제목이 있나요? 무대에 제목을 답시다! 화면 위쪽의 **[글쓰기]** 버튼을 터치해서 이야기의 제목을 써 넣습니다.

제목의 크기를 바꾸려면 **[크기 변경]** 버튼을 터치합니다. 이 버튼은 A자 세 개가 나란히 있는 모양입니다. 제목의 색깔을 바꾸려면 **[색깔 변경]** 버튼을 터치합니다. 이 버튼은 페인트 통처럼 생겼습니다. 한번 해 보세요!

이렇게 쓴 글씨도 캐릭터처럼 페이지 아무 곳에나 끌어다 놓을 수 있습니다. 그러니까 교실의 화이트보드에 글을 써 넣을 수도 있습니다!

연결 학습

언어 학습 : 자신의 실제 이야기를 하기
스크래치 주니어를 이용해서 우리에게 실제로 일어난 일을 이야기해 봅시다! 페이지를 여러 개 만들어서 시작과 중간과 끝으로 구성합시다. 그림도 말도 더 넣어 봅시다. 완성되면 친구에게 보여 주세요!

수학 학습 : 이야기의 순서 정하기
새 페이지들을 만들고 순서대로 정리합니다. 이야기가 다음 페이지로 넘어갈 때마다 숫자를 세어 봅시다. 이야기에 페이지가 모두 몇 개 있나요? 페이지들의 순서가 제대로 되어 있나요?

어른을 위한 팁
스크립트가 새 페이지로 넘어간 뒤에 동작이 자동으로 실행되지 않으면, 스크립트가 [녹색 깃발로 시작] 블록으로 시작하는지 확인합니다.

이야기 전체를 처음부터 보여 주려면, 첫 페이지를 선택한 상태에서 **[녹색 깃발]** 버튼을 터치해야 합니다. 다른 페이지를 선택한 상태에서 [녹색 깃발] 버튼을 터치하면, 프로그램은 이야기의 앞부분을 건너뛰고 그 페이지에서 시작해서 끝까지 갈 것입니다.

활동 8 : 속도를 다르게!

두 캐릭터에게 경주를 시킵시다! 누가 이길까요? 우리 마음대로 결정할 수 있습니다!

여기서 배울 것

이 활동에서 우리는 [속도 설정] 블록을 사용해서 각 캐릭터가 움직이는 속도를 바꾸어 보겠습니다.

만드는 법

1. 경주 장면을 위해 초원(Savannah) 배경을 선택했습니다.
2. 고양이를 지우고 얼룩말과 원숭이를 넣습니다.
3. 먼저 얼룩말의 스크립트를 만듭시다. 스크립트 맨 앞에 **[녹색 깃발로 시작]**을 넣습니다.
4. 블록 종류 영역에서 주황색 버튼을 터치해서 제어 블록을 띄웁니다. 캐릭터의 속도를 바꾸는 데는 **[속도 설정]** 블록을 사용합니다.

[속도 설정] 블록 아래쪽의 화살표를 터치하면 느림, 중간, 빠름의 세 가지 속도가 나옵니다.

[속도 설정] 블록은 그 다음에 오는 모든 동작의 속도를 바꾸어 줍니다. 캐릭터들은 [속도 설정] 블록으로 속도를 조정하지 않는 경우에는 모두 중간 속도로 움직입니다.

5. 이 프로그램에서는 얼룩말의 속도를 느리게……

……원숭이의 속도는 빠르게 만들겠습니다.

6. 화면 위쪽의 **[녹색 깃발]** 버튼을 터치하고 둘이 달리는 모습을 봅시다! 그런 뒤에는 다른 캐릭터가 이기도록 바꾸어 보세요. 무승부도 만들어 봅시다.

이야기

유용한 팁

얼룩말의 스크립트와 원숭이의 스크립트가 아주 비슷하기 때문에, 좀 더 빠른 길이 있습니다. 얼룩말의 스크립트를 작성한 뒤, 그것을 얼룩말의 프로그래밍 영역에서 무대 왼쪽 캐릭터 영역의 원숭이에게 끌어다 놓으면 스크립트가 복사됩니다.

그런 뒤 원숭이를 선택하고, 복사된 [속도 설정] 블록에서 속도를 바꿔주면 됩니다.

더 높은 단계로 도전!

우리는 [속도 설정] 블록으로 캐릭터들이 움직이는 동작의 속도를 바꾸어 보았습니다. 그런데 다른 동작에도 이것을 사용할 수 있습니다. 캐릭터의 크기를 천천히 줄이거나 빠르게 커지게 할 수도 있고, 캐릭터가 순식간에 사라지거나 천천히 모습을 감추게 할 수도 있습니다.

한 개의 스크립트에 [속도 설정] 블록을 여러 개 사용할 수도 있습니다. 캐릭터가 처음에는 천천히 움직이다가 나중에는 빨리 움직이게 만들어 봅시다. 아니면 빠르게 달리다가 속도가 느려지게 해 봅시다. 다른 여러 가지 방식을 조합해서 캐릭터를 움직여 보세요.

[속도 설정] 블록은 그 뒤에 나오는 모든 동작 블록에 영향을 준다는 사실을 잊지 마세요.

연결 학습

언어 학습 : 공지하기

무대 위쪽의 **[글쓰기]** 버튼을 이용해서 경주의 시작을 공지해 봅시다! 경주가 끝나면, 두 번째 페이지를 만들어서 (원숭이와 얼룩말 중에) 누가 이겼는지를 공지합시다.

힌트 : 1페이지에서 2페이지로 넘어가는 방법이 생각나지 않으면 74쪽 「활동 7 : 페이지를 넘기자!」를 복습하세요.

수학 학습 : 경주 시간 계산

시간을 재 봅시다! 원숭이가 끝까지 가는 데 몇 초가 걸리고, 얼룩말은 몇 초가 걸리는지 재어 보고 그 숫자를 비교해 봅시다. 어떤 수가 더 큰가요? 어느 동물이 더 빠른가요?

어른을 위한 팁!

스크립트를 복사하기 위해 다른 캐릭터에 끌어다 놓을 때, 스크립트가 첫 번째 캐릭터의 프로그래밍 영역으로 돌아가는 모습이 보여야 합니다. 우리가 스크립트를 어딘가의 영역으로 끌어 놓을 때, 스크래치 주니어에서 이를 스크립트를 지우려는 행동으로 해석할 수 있습니다. 그러므로 스크립트가 사라져 버렸다면, 스크립트가 목표 캐릭터에 복사되지 않고 삭제되었을 가능성이 있습니다. 이런 경우 블록 팔레트에서 **[취소]** 버튼을 터치하면 스크립트가 다시 살아납니다.

스크립트에서 캐릭터의 속도를 설정하면, 캐릭터는 속도를 다시 설정하기 전까지 계속 그 속도로 움직입니다. 예를 들어, 다음의 스크립트를 처음 실행하면, 캐릭터는 보통 속도로 내려갔다가 빠른 속도로 올라갑니다. 하지만 이 스크립트를 두 번째로 실행하면 캐릭터는 빠른 속도로 내려갔다가 빠른 속도로 올라갑니다. 속도가 계속 빠름으로 설정되어 있기 때문입니다.

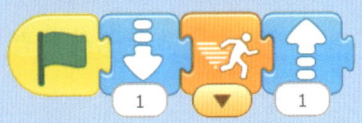

이런 일을 피하고 싶다면, 스크립트 처음이나 끝에서 속도를 설정해 주면 캐릭터를 본래의 속도로 되돌릴 수 있습니다.

활동 9 : 멈추어서 살피자!

고양이가 길을 안전하게 건너기 위해 도로변에 잠시 멈춰 섰다가 가게 합시다!

여기서 배울 것

이 활동에서 우리는 [대기] 블록으로 동작을 몇 초 동안 멈추게 하겠습니다.

만드는 법

1. 교외 주택가(Suburbs)를 배경으로 골라서, 고양이를 집 옆 잔디밭 뒤쪽으로 옮깁니다.

2. **[녹색 깃발로 시작]** 블록으로 스크립트를 시작하고, **[아래로 이동]** 블록을 사용해서 고양이가 도로를 향해 두 단계 내려오게 합니다.

고양이가 벌써 도로에 들어서면 안 됩니다! 두 단계를 내렸더니 도로에 들어가 있다면, 한 단계만 내려오게 합니다.

3. 이제 블록 종류 가운데 주황색 버튼을 터치해서 제어 블록을 띄운 뒤, [대기] 블록을 스크립트에 끌어다 놓습니다.

4. [대기] 블록 아래쪽의 숫자 칸을 터치해서 고양이가 얼마 동안 대기할지 시간을 변경합니다. 이 블록의 숫자는 0.1초 단위를 표시합니다. 숫자를 **20**으로 바꾸어서 고양이가 길을 건너기 전에 2초간 기다리게 합니다.

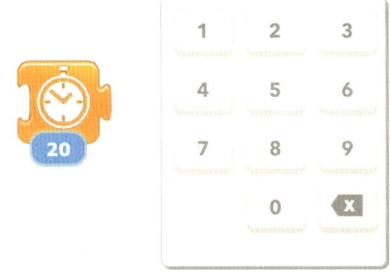

5. 도로변에서 기다려서 안전을 확인하면, 고양이를 아래로 4단계 이동시켜서 길을 건너게 합니다.

6. 화면 위쪽의 **[녹색 깃발]** 버튼을 터치해서 스크립트를 실행하면, 스크립트는 [대기] 블록에서 멈추었다가 다시 이어집니다. 그러면 고양이는 잔디밭에서 나와 도로변에서 멈추었다가 길을 건넙니다.

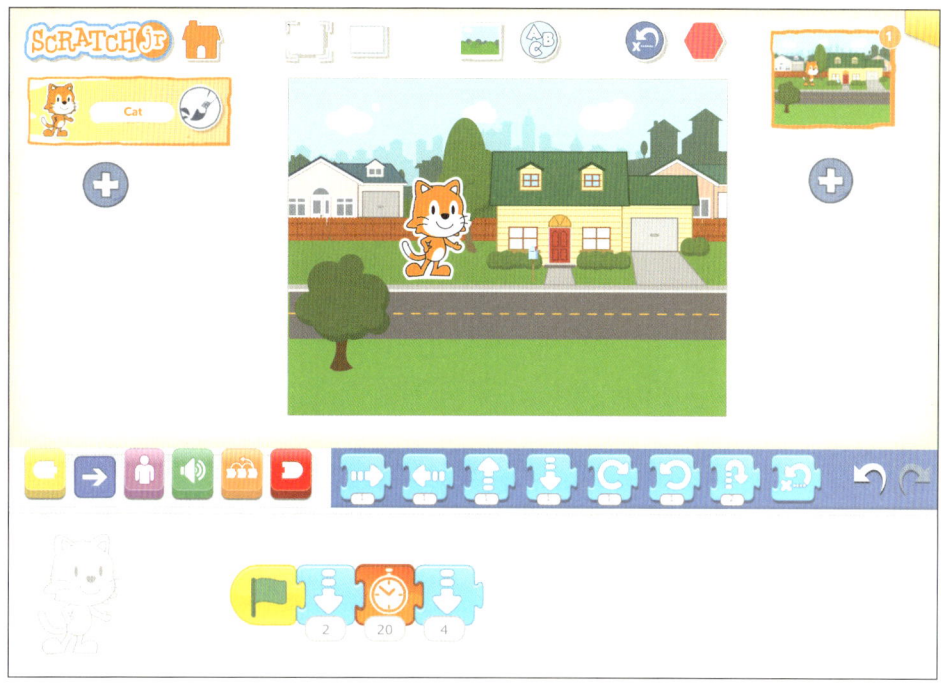

더 높은 단계로 도전!

자동차가 고양이 앞으로 달려가게 만들어 봅시다. 고양이가 기다리는 동안 자동차가 도로를 지나가도록 시간을 맞추어 보세요. 고양이는 자동차가 지나갈 때까지 충분히 기다렸다가 길을 건너야 합니다.

연결 학습

언어 학습 : 설명 붙이기

이야기 중간에 고양이가 무슨 말을 할까요? **[말하기]** 블록을 사용해서 말을 넣어 봅시다. 고양이에게 무슨 말을 시킬지 모르겠다고요? 재미있는 농담을 시켜 보세요!

수학 학습 : 대기 시간 변경하기

[대기] 블록의 숫자를 바꾸어서 고양이가 기다리는 시간을 늘렸다 줄였다 해 봅시다. 고양이가 2초를 기다리려면 숫자를 몇으로 바꾸어야 할까요? 4초를 기다리려면?

어른을 위한 팁

[대기] 블록 숫자의 단위는 0.1초입니다. [대기] 블록의 숫자가 50이면, 그 캐릭터는 5초 동안 기다립니다. 아이들에게 이것을 이해시키기 위해 초를 큰 소리로 세어도 좋습니다.

활동 10 : 차례를 기다리자!

[대기] 블록을 이용하면 두 캐릭터가 대화를 주고받고 박자를 맞추어 행동하게 만들 수 있습니다. 여기서는 말이 고양이와 대화를 나눈 뒤 고양이를 태우고 달려가게 만들겠습니다!

여기서 배울 것

[대기] 블록을 이용해서 캐릭터가 동작을 멈추고 다른 캐릭터가 말이나 행동을 하게 합니다.

만드는 법

1. 먼저 농장을 배경으로 선택하고 말을 넣습니다. 고양이는 원래 자리에 그냥 두지만, 말은 위의 그림처럼 무대 왼쪽 가장자리로 옮겨 둡니다. 우리는 고양이와 말이 함께 움직이게 만들 것입니다.

2. 먼저 고양이의 스크립트를 만듭니다. [말하기] 블록으로 고양이에게 "나 좀 태워 줄래?"라고 하는 말풍선을 달아 줍니다.

3. [대기] 블록을 넣어서 고양이가 2초 동안(대기 블록 숫자 20) 기다리게 합니다. 그 사이에 말이 대답을 하고 고양이에게 갑니다.

4. 그런 뒤 고양이가 말과 함께 6단계를 갑니다.

5. 이제 말을 터치해서 말의 스크립트를 만듭니다. 먼저 [대기] 블록을 넣고 2초를 설정해서 (대기 블록 숫자 20) 고양이가 태워 달라고 말할 시간을 줍니다. 그런 뒤 [말하기] 블록을 넣어서 말이 "좋아!"라고 대답하게 합니다. 그런 뒤 앞으로 11단계를 이동합니다.

6. 이제 화면 위쪽의 [녹색 깃발]을 터치하면, 고양이와 말이 대화를 주고받은 뒤 말이 고양이를 태우고 들판 끝으로 갑니다!

유용한 팁

스크립트를 고양이와 말이 동시에 움직이도록 만들어야 합니다. 고양이와 말이 움직일 때 고양이가 말을 제대로 타고 있는 것처럼 보이게 하려면, 몇 차례 수정이 필요할 수 있습니다.

더 높은 단계로 도전!

말이 "좋아!"라고 말한 뒤, 고양이가 "고마워!"라고 대답하게 만들어 봅시다. 말에게 [대기] 블록을 하나 더 넣어서 이동하기 전에 고양이에게 대답할 시간을 주어야 합니다. 대기 시간이 얼마나 필요할지 시험해 봅시다.

화면 끝에 가서 고양이가 말에서 내린 뒤에도 "고마워!"라고 말하게 만들어 봅시다.

연결 학습

언어 학습 : 완전한 문장을 쓰기

캐릭터들이 서로에게 말을 할 때 완전한 문장을 사용하게 합니다.

수학 학습 : 대기 시간 재기

[대기] 블록의 시간을 늘리고 싶으면, 시간이 어느 정도 필요할지 계산을 하고 블록의 숫자를 바꿔 봅시다.

어른을 위한 팁

두 캐릭터가 대화하게 만드는 일은 상당히 까다롭습니다. 여러 차례의 시험이 필요하고, 거기에 캐릭터의 동작이나 대화를 바꾸면 그때마다 [대기] 블록의 숫자도 바꿔 주어야 합니다. 동작과 대화를 좀 더 정확하게 맞추려면 [메시지로 시작]과 [메시지 보내기] 블록을 사용할 수 있습니다. 이 블록들에 대해서는 4장에서 배울 것입니다.

고양이가 말 위에 앉아 있는 모습을 자연스럽게 만들기 위해서 말을 나중에 넣거나 말의 위치를 살짝 조정하는 방법도 있습니다. 스크래치 주니어에서는 나중에 넣은 캐릭터가 '전면에' 나옵니다. 말이 전면에 있으면 좀 더 자연스러워 보입니다.

활동 11 : 눈사람을 만들자!

스크래치 주니어에는 사용자가 캐릭터와 배경을 직접 그리고 수정할 수 있는 강력한 그림 편집기가 있습니다. 예를 들면, 우리는 북극에 사는 눈사람을 직접 그려서 캐릭터로 쓸 수 있습니다!

여기서 배울 것

이 활동에서 우리는 그림 편집기를 사용해서 우리만의 캐릭터를 만들어 보겠습니다! 또 그림 편집기로 캐릭터와 배경을 수정할 수도 있습니다. 그림 편집기 버튼이 보이면, 그 대상을 편집하거나 우리가 직접 만들 수 있다는 뜻입니다.

만드는 법

1. 먼저 북극(Arctic)을 배경으로 선택합니다.

2. 캐릭터를 그리기 위해, 새 캐릭터를 추가할 때처럼 화면 왼쪽의 플러스 기호를 터치합니다.

3. 거기서 캐릭터를 선택하지 않고, 화면 위쪽의 [붓] 버튼을 터치해서 그림 편집기를 엽니다.

4. 이제 눈사람을 만들기 위해, 크기가 각기 다른 원 세 개를 그립니다. 원을 그리려면 [원] 도구를 터치합니다.

5. 손가락을 그림 그리기용 모눈 바탕(캔버스)에 대고 대각선 방향으로 움직이면 원이 나타납니다. 눈사람의 몸통 아랫부분이 될 만한 크기와 모양의 원이 나오면 손을 뗍니다. 그런 뒤 눈사람의 몸통 중간 부분이 될 원을 하나 더 그립니다. 위치는 신경 쓰지 않아도 됩니다. 언제든지 옮길 수 있습니다.

6. **[끌기]** 도구를 터치한 뒤, 원을 원하는 곳에 끌어다 놓습니다.

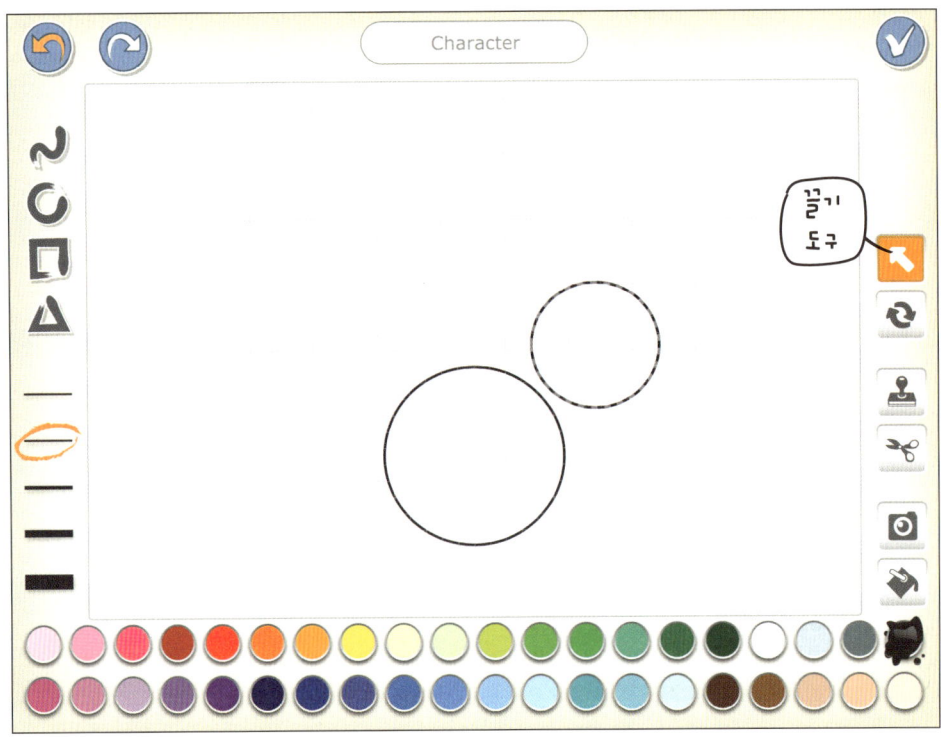

그림을 끌지 않고 터치하면 선 위에 조그만 원이 몇 개 나타나는데, 이 원들은 우리가 모양을 바꿀 수 있게 해 줍니다. 우리는 눈사람을 동그란 모양으로 만들 생각이기 때문에, 작은 원들을 건드리지 않도록 조심해야 합니다. 잘못하면 동그란 모양이 바뀔 수 있습니다.

7. 눈사람의 머리가 될 세 번째 원을 그리고, 제자리에 끌어다 놓습니다.

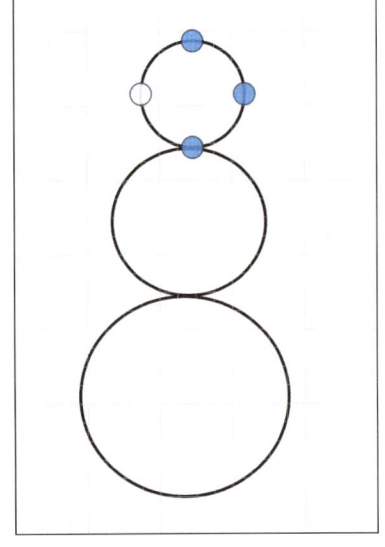

8. 이제 두 개의 작은 원으로 눈을 만듭니다. 동그라미 도구로 작은 원을 그리거나 화면을 콕 찍어서 동그란 점을 만듭니다. [복사] 도구를 쓰면 똑같은 크기의 눈을 만들 수 있습니다. [복사] 도구는 선택한 모양을 똑같이 복사해 줍니다. **[복사]** 도구(스탬프 도장처럼 생겼습니다)를 터치한 뒤 복사하려는 눈 모양을 터치하면 됩니다.

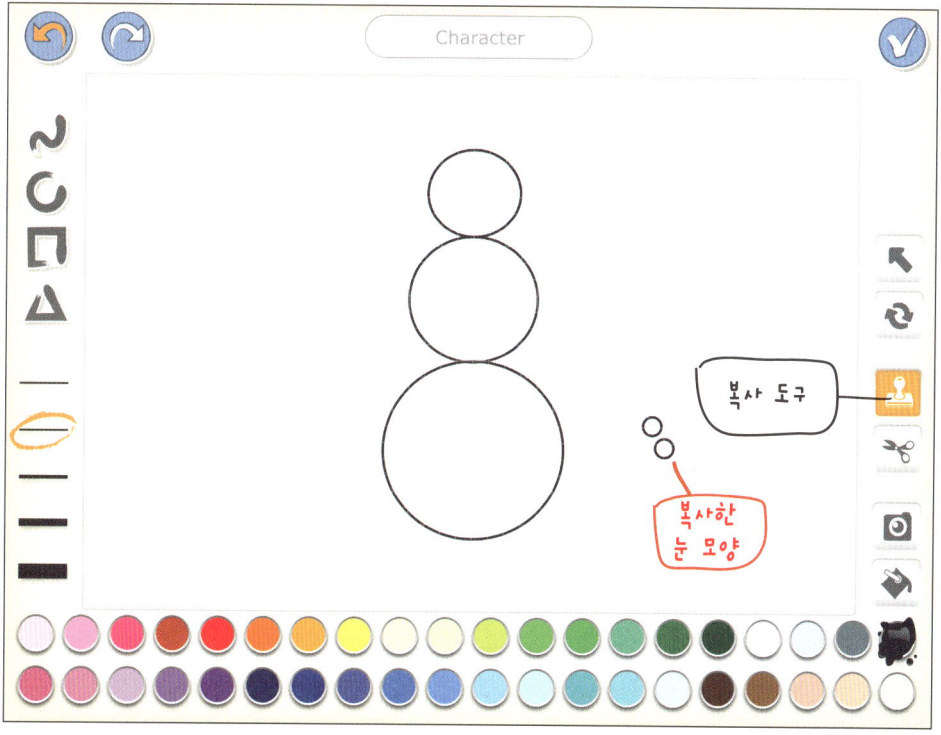

복사 도구로 복사한 대상은 원본 바로 옆에 나타나기 때문에 서로 잘 떼어 놓아야 합니다. 이 눈들을 눈사람의 머리에 끌어다 놓습니다.

9. **[선]** 도구를 터치해서 눈사람에 두 팔을 그려 넣습니다. 이제 눈덩이 안쪽을 흰색으로 채우겠습니다. **[칠하기]** 도구(페인트 통처럼 생겼습니다)를 터치해 색깔 팔레트에서 흰색을 고릅니다. 그런 뒤 각각의 눈덩이를 터치하면 그 모양 안쪽이 우리가 선택한 색깔로 칠해집니다. 이어 검은색을 선택해서 눈의 색을 칠합니다.

10. 코로 쓸 당근을 만들려면 색깔을 주황색으로 바꾸고 **[삼각형]** 도구를 터치합니다. 손가락을 캔버스 아무 데나 대고 대각선 방향으로 움직여 당근 모양의 삼각형을 만듭니다. 그런 뒤 **[칠하기]** 도구로 당근을 주황색으로 칠합니다.

11. [돌리기] 도구는 대상을 돌립니다. 이 도구로 당근을 돌려서 코처럼 보이게 각도를 조정합시다. 그렇게 하기 위해 **[돌리기]** 도구를 터치하고 당근을 터치해서 이리저리 돌려 봅니다. 각도가 원하는 대로 나오면 **[끌기]** 도구로 당근을 눈사람 얼굴에 옮겨다 놓습니다.

짜잔! 이렇게 해서 우리만의 캐릭터를 만들었습니다! 그림 편집기 위쪽의 글쓰기 칸에 눈사람의 이름도 지어 넣을 수 있답니다. 눈사람에게 모자도 씌우고, 옷은 입도 그리고, 단추도 넣을 수 있습니다. 눈사람이 원하는 모양대로 완성되면 오른쪽 위의 체크 표시를 터치합니다. 그러면 눈사람이 북극을 배경으로 서 있게 됩니다.

3장

이제 눈사람과 고양이의 스크립트를 작성해서 겨울 이야기를 만들어 봅시다!

유용한 팁

캐릭터를 먼저 터치하고 [붓] 버튼을 터치하면 그림 편집기는 그 캐릭터가 있는 캔버스를 엽니다. 이 방법으로 우리는 본래 있는 캐릭터를 수정할 수 있습니다. 수정한 캐릭터는 새로운 캐릭터로 저장되고, 본래의 캐릭터는 그대로 남아 있습니다. 그러니 파란 고양이도 만들고, 점박이 돼지도 만들어 봅시다! 새로 만들거나 수정한 캐릭터는 캐릭터 메뉴에 저장되기 때문에 모든 프로그램에 사용할 수 있습니다.

캐릭터를 만들 때 실수를 했다면, 화면 위쪽의 [취소] 버튼을 사용하면 됩니다. 특별히 어떤 요소를 지우고 싶으면 [자르기] 도구(가위처럼 생겼습니다)

이야기

를 사용하세요.

[자르기] 도구를 터치한 뒤 지우고 싶은 것을 터치합니다. 지우기가 끝나면 다른 버튼을 터치하고서 작업을 계속해야 합니다. 안 그러면 그림이 계속 지워져요!

더 높은 단계로 도전!

북극 배경을 수정할 수 있는지 알아봅시다.

고양이가 눈사람을 만드는 스크립트를 작성해 봅시다. 그러기 위해서는 단계별로 새 페이지를 만들어야 합니다. 1페이지에서는 고양이가 맨 아래쪽 눈덩이를 만들고, 2페이지에서는 가운데 눈덩이를, 3페이지에서는 눈사람의 머리와 팔을 만들게 해 봅시다.

연결 학습

언어 학습 : 질문하기

그림 편집기를 사용할 때 원하는 도구가 어디 있는지 금방 찾기 어려울 수도 있습니다. 그럴 때는 친구나 어른들에게 망설이지 말고 질문하세요!

수학 학습 : 원의 개수 세기

눈사람을 만들 때 원을 몇 개나 만들었는지 세어 봅시다. 몸통을 이루는 세 개의 원과 눈을 이루는 두 개의 원을 합하면 모두 다섯 개가 됩니다.

어른을 위한 팁

흰색 물감으로 눈사람 안쪽을 채울 때, 아이들은 색을 칠한 원과 칠하지 않은 원의 차이를 잘 모를 수 있습니다. [칠하기] 도구를 설명할 때는 좀 더 눈에 잘 띄는 색을 선택해 보세요. 그런 뒤 다시 흰색으로 돌아가서 눈사람 안쪽을 채웁니다.

부록 B를 보면 그림 편집기에 있는 모든 도구의 기능을 한눈에 알아볼 수 있습니다.

프로그램 시간! 토끼와 거북이

우리는 이제 지금까지 배운 기술을 모두 활용해서 분량이 있는 이야기를 만들 수 있습니다! 이 이야기는 꾸준한 거북이와 잘난 척하는 토끼가 경주하는 내용입니다. 먼저 그림 편집기로 거북이를 만들어야 합니다. 그런 뒤에 [속도 설정] 블록으로 토끼가 거북이보다 빨리 가다가 나중에는 거북이에게 지게 해야 합니다! 캐릭터들이 대화하는 기술과 페이지 넘기는 기술도 활용해 봅시다.

만드는 법

1. 농장을 배경으로 선택한 뒤, 고양이를 지우고 토끼 캐릭터를 넣습니다.
2. 거북은 기본 메뉴에 없기 때문에 그림 편집기로 만들어야 합니다. 거북을 상당히 크게 만들어야 한다는 점을 기억하세요! 무대에 나타날 때는 그림 편집기에 보이는 것보다 크기가 작아집니다.

3. 경주는 농장을 지나고, 강을 지나고, 과수원을 지나갈 것입니다. 이를 위해서 두 개의 페이지를 더 만들어야 합니다. 두 번째 페이지는 강을 배경으로, 세 번째 페이지는 봄을 배경으로 선택합니다.

4. 새로 추가한 두 개의 페이지에도 토끼와 거북이를 넣습니다. 토끼 캐릭터를 1페이지에서 2페이지로 끌고 가서 복사합니다. 그런 뒤 거북이도 1페이지에서 2페이지로 끌어다 놓습니다. 3페이지에도 똑같이 합니다.

5. [글쓰기] 버튼을 사용해서 페이지에 다양한 크기와 색깔의 글을 써 넣을 수 있습니다. 큰 글자는 제목 같고, 작은 글자는 이야기의 일부처럼 보일 것입니다. 1페이지를 선택하고 [글쓰기]를 터치해서 제목을 달아 줍니다.

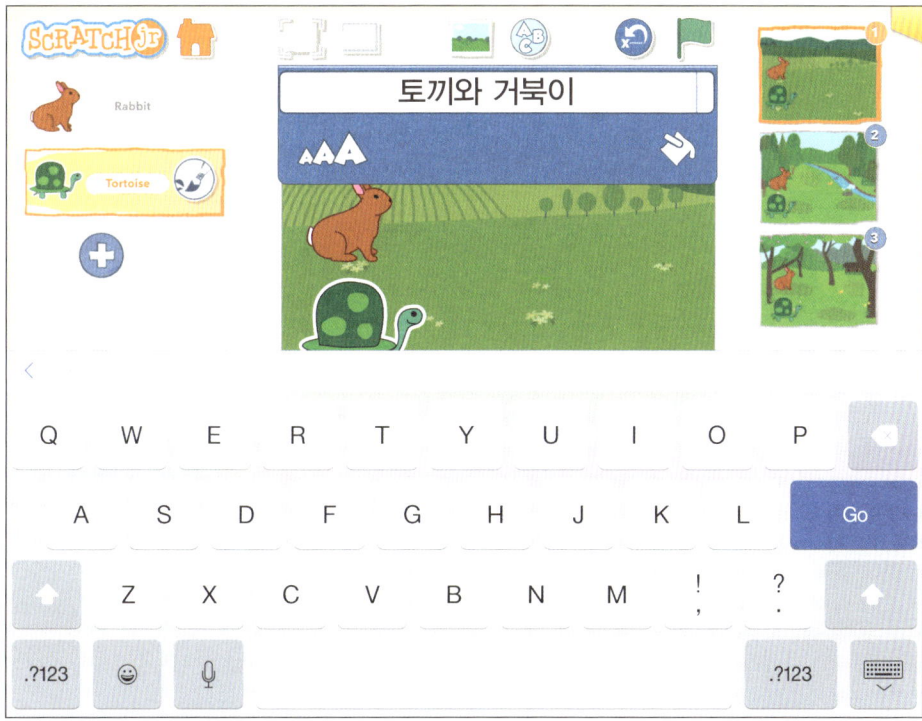

6. 이제 동작이 나옵니다. 1페이지에서 토끼와 거북이가 서로 경주에 대해서 이야기합니다.

7. 먼저 경주를 시작하는 스크립트를 작성합니다. 그리고 그 다음 장면을 스크립트로 작성해 봅시다.

이때 우리가 쓸 수 있는 몇 가지 기술이 있습니다.

- 토끼가 1페이지 끝에 먼저 도착해서 기다리는 것처럼 보이면 안 됩니다! **[속도 설정]** 블록을 **빠름**으로 설정하고 이어 **[감추기]** 블록을 사용하면, 토끼가 페이지 끝으로 달려가서 사라지게 만들 수 있습니다. 이 기술은 필요 없는 캐릭터를 페이지 밖으로 내보낼 때 사용합니다! 그 캐릭터가 다시 나타났을 때 속도를 늦추고 싶다면 캐릭터의 속도를 재설정해야 합니다.
- 이야기에 흥미를 더하기 위해 소리도 녹음할 수 있습니다!
- 「토끼와 거북이」 같은 우화에서는 대개 마지막에 '교훈'-우리에게 주는 가르침이 나옵니다. **[글쓰기]** 버튼을 써서 이야기 끝에 교훈을 써 넣을 수 있습니다. **[크기 변경]** 버튼을 사용하면, 글자의 크기를 페이지에 맞게 고칠 수 있습니다.

유용한 팁

[속도 설정] 블록은 [대기] 블록의 시간을 빠르거나 느리게 변경시키지는 않습니다.

캐릭터가 여럿 있을 때 페이지를 넘기고자 한다면 [페이지 이동] 블록을 한 캐릭터의 스크립트에만 붙여야 합니다. 이때 [페이지 이동] 블록을 어떤 캐릭터에 붙일지 신중하게 선택해야 합니다. 스크립트들은 실행에 걸리는 시간이 각기 다르기 때문에, 잘못하면 모든 캐릭터가 스크립트를 다 실행하기 전에 페이지가 바뀔 수도 있습니다. [페이지 이동] 블록은 실행에 가장 오랜 시간이 걸리는 스크립트에 붙여야 합니다.

더 높은 단계로 도전!

[녹음 재생] 블록을 여러 개 써서 우리가 직접 이야기를 해 봅시다. 녹음된 소리와 화면에서 벌어지는 동작의 타이밍을 맞추어 봅시다.

연결 학습

언어 학습 : 디지털 북 만들기

이 이야기를 프로그래밍할 때 우리는 그림, 글쓰기, 말하기를 다 활용합니다! [말하기] 블록으로 캐릭터에게 말풍선을 달고 [글쓰기] 버튼으로 제목을 다는 것은 글쓰기 연습이 됩니다. 이 디지털 이야기책이 완성되면 친구에게 읽어 주세요! 스크립트가 실행될 때 벌어지는 일을 똑똑하고 큰 소리로 설명할 수 있도록 합시다.

수학 학습 : 캐릭터가 움직이게 만들기

우리는 숫자, 계산, 추측을 활용해서 캐릭터의 움직임을 조정합니다. 우리가 원하는 대로 캐릭터가 움직이게 하려면 파란색 동작 블록의 숫자를 계속 바꾸어 가며 실험해 보아야 합니다. 어떤 동작은 숫자를 바꾸는 방법을 통해서 사용하는 블록의 개수를 줄일 수도 있습니다. 캐릭터가 무대에서 정확한 장소로 이동하게 만들고 싶다면 [모눈] 버튼(화면 위쪽)을 터치해서 눈금의 숫자들을 참고합니다!

어른을 위한 팁!

아이들이 페이지가 두 개 이상이고, 대화가 들어간 이야기를 완성하려면 많은 시행착오를 거쳐야 합니다. 아이들이 한 번에 한 가지 측면에 집중하게 하고 스크립트를 여러 번 테스트하도록 격려해 줍시다. 그렇게 하면 아이들은 스크립트의 '버그(프로그램의 오류)' 또는 예상과 다르게 나타나는 부분을 빨리 발견하고 고칠 수 있습니다.

작업한 내용을 저장하지 않아 잃어 버리는 건 누구에게나 괴로운 일입니다! 화면 위쪽의 [홈] 버튼을 자주 터치해서 작업 내용을 저장하도록 합시다. 프로그램 목록에 프로그램이 보이면, 저장되었다는 뜻입니다. 작업을 이어 나가려면 프로그램의 이미지를 터치해서 프로그램을 다시 열면 됩니다.

4장
게임

우리는 지금까지 벌써 몇 개의 애니메이션과 이야기를 만들었습니다. 이제는 게임을 만들어 봅시다! 먼저 네 개의 간단한 게임을 만들고, 마지막에는 우리가 배운 것을 모두 활용해서 복잡한 게임 하나를 만들어 보겠습니다.

4장

활동 12 : 복숭아를 따자!

이 게임은 나무에 달린 복숭아들 가운데 익은 것을 찾는 게임입니다! 복숭아를 터치했을 때, 익었으면 땅에 떨어집니다.

이 게임을 만들려면 나무에 달린 복숭아의 스크립트를 작성해야 합니다.

여기서 배울 것

지금까지 우리가 만든 모든 스크립트는 [녹색 깃발] 버튼을 터치해서 시작할 수 있었습니다. 이 활동에서는 [터치로 시작하기] 블록으로, 캐릭터를 터치해서 스크립트를 시작하는 법을 배우겠습니다. 또 [줄이기] 블록, [본래 위치로] 블록, [캐릭터 복귀] 버튼의 사용법도 배워 보겠습니다.

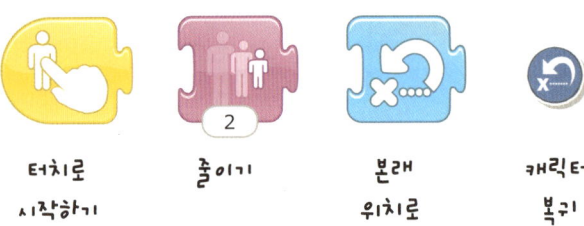

터치로   줄이기   본래   캐릭터
시작하기   위치로   복귀

만드는 법

1. 여름(Summer)을 배경으로 선택하고 고양이 캐릭터를 지웁니다. 왼쪽에 있는 나무에 이미 복숭아들이 달려 있지만, 이것은 배경 그림의 일부기 때문에 움직이지 못합니다. 터치했을 때 움직이는 복숭아를 만들려면, 캐릭터처럼 무대에 추가해야 합니다.

2. 이 일을 하려면 캐릭터 영역에서 플러스 기호를 터치해서 복숭아를 선택합니다. 이 복숭아를 이미 복숭아 세 개가 달린 나무 위에 끌어다 놓습니다.

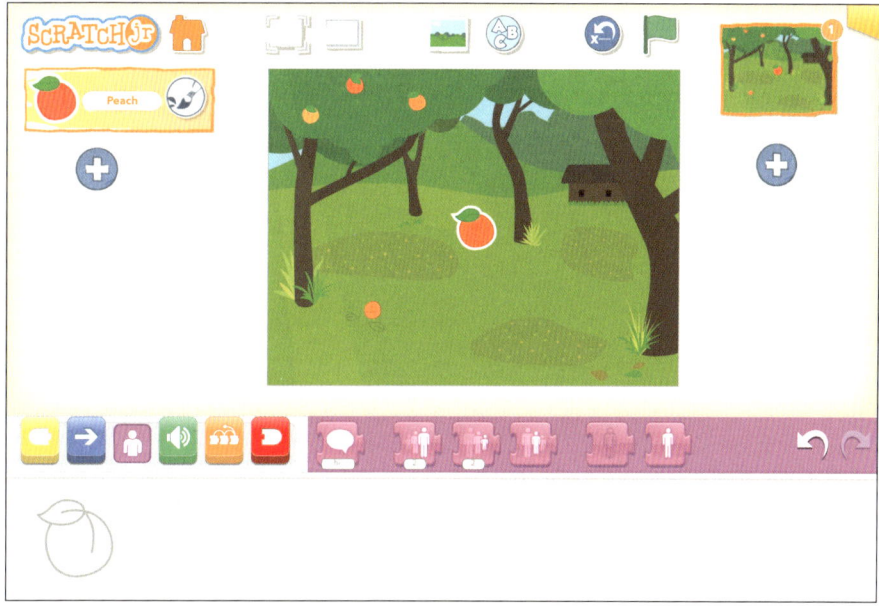

3. 복숭아를 나무 위에 달린 다른 복숭아들과 비슷한 크기로 만들어야 합니다. 그것을 위해서 블록 종류 영역에서 보라색 모양 블록 버튼을 터치합니다. **[줄이기]** 블록을 복숭아의 프로그래밍 영역으로 끌고 와서 두 번 터치합니다. 터치할 때마다 복숭아는 계속 작아집니다.

4. 복숭아 크기가 적당해졌으면, **[줄이기]** 블록을 블록 팔레트로 끌고 가서 지웁니다.

5. 블록 종류 영역에서 노란색 시작 블록 버튼을 터치해서 시작 블록들을 띄웁니다. 이번에는 [녹색 깃발로 시작]을 쓰지 않고 [터치로 시작] 블록을 쓰겠습니다. 이것은 캐릭터를 손가락으로 터치하면 움직이게 합니다.

6. 복숭아의 스크립트를 시작하기 위해 **[터치로 시작]** 블록을 프로그래밍 영역에 끌어다 놓습니다. 여기에 파란 동작 블록 몇 개를 더해서 복숭아가 나무에서 흔들리다가 떨어지게 만듭니다.

7. 복숭아를 터치하고 무슨 일이 벌어지는지 봅시다!

이 게임을 계속 하려면, 한 가지를 더 넣어야 합니다. 땅에 떨어진 복숭아를 다시 터치하면 복숭아는 나무가 아니라 땅에서 스크립트를 시작합니다. [터치로 시작] 블록은 [녹색 깃발로 시작] 블록과 달리 캐릭터를 본래 위치로 돌려놓지 않습니다.

이럴 때는 화면 위쪽의 **[캐릭터 복귀]** 버튼을 터치해서 복숭아를 나무에 돌려놓을 수 있습니다.

[캐릭터 복귀] 버튼은 모든 캐릭터를 본래의 위치로 돌려놓습니다.

무대에서 다른 캐릭터들이 움직이는 중에, 오직 복숭아만 원래 자리에 돌려놓고 싶다면 복숭아만 복귀시켜야 합니다.

8. 블록 종류 가운데 파란색 동작 블록 버튼을 터치해서 [본래 위치로] 블록을 찾습니다.

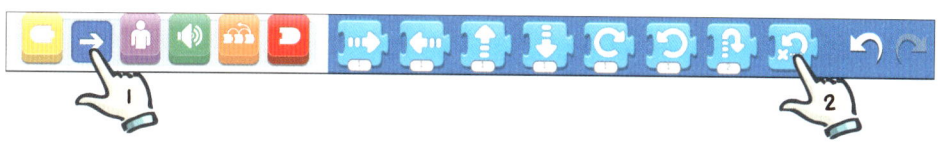

9. [본래 위치로] 블록을 복숭아 스크립트의 끝에 끌어다 붙입니다.

이제 복숭아는 땅에 떨어졌다가 다시 나무 위로 올라가고, 우리는 다시 게임을 할 수 있습니다!

유용한 팁

복숭아가 땅에 떨어지자마자 나무 위로 다시 올라가는 일을 막으려면 [본래 위치로] 블록 전에 잠깐 쉬게 하는 것도 좋습니다. [대기] 블록을 사용해서 복숭아가 땅 위에 잠시 머물게 만들어 봅시다.

더 높은 단계로 도전!

게임을 더 재미있게 만들기 위해, 나무에 복숭아를 더 달아 봅시다. 아직 익지 않아서 떨어지지 않는 복숭아도 만들어 봅시다. 익지 않은 복숭아를 터치하면 나무에서 흔들리기만 할 뿐 떨어지지는 않게 하세요.

연결 학습

언어 학습 : 이야기로 만들기

이 장면에 다른 캐릭터를 더해서 이야기를 만들어 봅시다! 캐릭터들이 떨어지는 복숭아를 보고 어떤 행동을 하나요? 놀라나요? 먹고 싶어 하나요? 말풍선, 소리 녹음, [글쓰기] 버튼을 사용해서 말과 글을 넣어 봅시다. 방법이 생각나지 않으면 2장과 3장을 보세요. 친구와 프로그램을 교환하고 서로의 프로그램에 새 페이지를 더해서 이야기를 완성해 봅시다!

수학 학습 : 모양을 만들고 비교하기

떨어지는 복숭아를 만들었으니, 다른 과일도 만들어 봅시다. 과일들은 어떤 모양인가요? 크기는 어떤가요? 여러 가지 형용사를 사용해서 우리가 만든 과일의 모양과 크기를 설명하고 비교해 봅시다.

어른을 위한 팁

저연령 어린이에게는 캐릭터를 가볍게 터치하는 일이 어려울 수 있습니다. 잘못하면 스크래치 주니어는 그것이 터치가 아니라 끌기라고 인식할 수 있습니다. 스크래치 주니어가 그 동작이 끌고 가기라고 생각하면 복숭아는 스크립트대로 행동하지 않고 약간만 움직일 것입니다. 아이가 복숭아를 터치했는데 복숭아가 떨어지지 않는다면 그 문제일 가능성이 높습니다.

활동 13 : 발사!

이 활동에서는 고양이가 카운트다운을 하고 나서 로켓이 발사됩니다!

여기서 배울 것

우리는 [메시지 보내기]와 [메시지로 시작하기] 블록을 사용해서 캐릭터들이 서로 영향을 주고받게 만들 것입니다. 고양이가 카운트다운을 마치면 로켓이 발사됩니다!

만드는 법

1. 달(Moon)을 배경으로 선택하고 로켓 캐릭터를 넣습니다.
2. 먼저 고양이의 스크립트를 작성합니다. **[녹색 깃발로 시작]** 블록을 프로그래밍 영역으로 끌어다 놓습니다.

3. 모양 블록 버튼을 터치한 뒤, **[말하기]** 블록을 세 개 붙여서 고양이가 "3, 2, 1." 하고 카운트한 후 내려가게 만듭니다.

4. 노란색 시작 블록 버튼을 터치한 뒤, [메시지 보내기] 블록을 찾습니다.

5. [메시지 보내기] 블록을 프로그래밍 영역으로 끌어 고양이의 스크립트 끝에 붙입니다.

이 블록은 로켓에게 출발 명령을 전달합니다. 고양이가 카운트다운을 마치면, 이 블록이 로켓에게 메시지를 보냅니다.

6. 이제 로켓을 터치해서 스크립트를 작성합니다. 우리는 로켓이 고양이의 메시지를 받으면 발사되게 하려고 합니다. 스크립트의 맨 앞에 **[메시지로 시작]** 블록을 놓습니다. 그러면 이 스크립트는 다른 스크립트의 메시지를 받아야 실행됩니다.

7. [메시지로 시작] 블록 다음에 **[위로 이동]** 블록을 붙여서 로켓이 발사되는 것처럼 위쪽으로 올라가게 한 뒤, **[감추기]** 블록으로 사라지게 합니다.

8. 이제 **[녹색 깃발]** 버튼을 터치해서 스크립트를 실행해 봅니다.

유용한 팁

이 스크립트는 주황색 메시지를 사용합니다. 프로그램 속의 캐릭터들이 메시지를 주고받는 데 사용할 수 있는 메시지는 모두 여섯 가지입니다. [메시지 보내기] 블록과 [메시지로 시작] 블록은 서로 색깔이 맞아야 합니다. 예를 들어, 주황색 [메시지 보내기] 블록은 주황색 [메시지로 시작] 블록으로 시작하는 스크립트를 작동시킵니다. 만약 보라색 [메시지 보내기] 블록을 쓰면, 주황색 [메시지로 시작하기]로 시작하는 스크립트는 절대 실행되지 않습니다!

더 높은 단계로 도전!

다른 캐릭터들을 추가해서 모두 **[메시지로 시작]** 블록으로 시작합시다. 캐릭터를 여럿 넣고, 모두 같은 색깔의 [메시지로 시작] 블록으로 스크립트를 시작해서 로켓이 발사될 때 함께 환호하게 만들 수도 있습니다.

로켓이 떠오를 때 하늘에 별똥별이 지나가게 만들 수도 있습니다. 별똥별 역시 사람들과 같은 색깔의 메시지로 시작할 수 있습니다.

같은 색깔의 [메시지로 시작] 블록으로 시작하는 스크립트들은 그 색깔의 [메시지 보내기] 블록이 사용되면 모두 동시에 시작한다는 사실을 잊지 마세요.

연결 학습

언어 학습 : 이륙을 알리기

카운트다운을 시작하기 전에, 고양이가 앞으로 벌어질 일을 공지하게 만들어 봅시다. [말하기] 블록과 [글쓰기] 버튼을 사용해서 로켓의 이륙을 알립니다. 로켓은 어디로 갈까요? 언제 이륙할까요?

발사 이후의 페이지를 하나 더 만들어서 로켓이 어디로 가는지 보여 줄 수도 있습니다!

수학 학습 : 세어 내려가기

수를 거꾸로 세는 법을 연습해 봅시다! 고양이는 로켓이 발사될 때까지 수를 아래로 세어 내려갑니다. 수가 '1'이 되면 로켓이 발사됩니다. 고양이가 3에서부터 카운트다운 하도록 프로그래밍한 다음에는 10에서, 15 또는 20에서부터 카운트다운 하도록 만들어 봅시다!

어른을 위한 팁

[메시지 보내기] 블록은 한 캐릭터가 다른 캐릭터들에게 보내는 명령이라고 설명할 수 있습니다. 같은 색깔의 [메시지로 시작] 블록이 있는 캐릭터들만이 그 명령에 반응합니다. 다른 캐릭터들은 명령을 듣지 않습니다.

활동 14 : 술래잡기!

고양이와 강아지가 술래잡기를 하는 프로그램을 만들어 봅시다. 이 게임에서 강아지의 스크립트는 고양이가 강아지에 부딪히면 시작합니다. 그런 뒤에는 강아지가 고양이에 부딪히고, 둘은 프로그램이 끝날 때까지 계속 술래잡기를 합니다.

여기서 배울 것

이 활동에서 우리는 새로운 시작 블록에 대해 배웁니다. [충돌로 시작] 블록입니다.

[충돌로 시작] 블록은 캐릭터가 다른 캐릭터와 닿을 때 스크립트를 시작하게 만듭니다.

만드는 법

1. 농장을 배경으로 선택하고 강아지를 넣습니다. 고양이와 강아지의 위치를 조정해서 둘이 다섯 단계 정도 떨어져 있게 합시다. 스크립트를 실행해 보고 이 위치가 잘 맞지 않으면 수정합니다.

먼저 고양이가 강아지에게 가서 부딪히며 "잡았다!"라고 말하게 만들겠습니다. 그리고 다시 뒤로 가서 2초 동안 기다리며 강아지가 자신에게 와서 닿기를 기다립니다. 고양이의 스크립트에 **[무한 반복]** 블록을 붙여서 고양이와 강아지가 계속 술래잡기를 하게 만들어 봅시다.

2. 고양이에게 아래와 같은 스크립트를 만듭니다.

3. 강아지의 스크립트에 [충돌로 시작] 블록을 써서 고양이가 강아지에게 부딪히면 스크립트가 시작되게 합니다.

충돌이 이루어지면, 강아지는 2초 동안 가만히 기다리며 고양이가 달아날 시간을 줍니다. 그런 뒤 고양이에게 가서 "잡았다!"라고 말하고 달아납니다.

4. 강아지에게 아래와 같은 스크립트를 만듭니다.

강아지에게는 무한 반복 블록을 쓸 필요가 없습니다. [충돌로 시작] 블록이 강아지가 부딪힐 때마다 스크립트를 실행시키기 때문입니다.

5. [녹색 깃발] 버튼을 터치하면 캐릭터들이 계속 술래잡기 놀이를 합니다! 게임을 끝내려면 [정지] 버튼을 누릅니다.

유용한 팁

캐릭터가 [충돌로 시작] 스크립트가 있는 다른 캐릭터에 닿으면, 그 스크립트는 캐릭터들이 더 이상 닿지 않을 때까지 계속 실행됩니다. 예를 들어 고양이를 강아지와 닿는 자리에 데려다 놓으면, 강아지의 [충돌로 시작] 스크립트가 실행되고, 그 동작은 우리가 고양이와 강아지를 떼어 놓을 때까지 계속됩니다.

더 높은 단계로 도전!

피구 게임을 만들어 봅시다. 무대에 공을 넣고, 무한 반복되는 [녹색 깃발로 시작] 스크립트 몇 개를 사용하면 공이 무대를 마구 돌아다니게 할 수 있습니다. (두 개의 스크립트를 같은 프로그래밍 영역에 사용하는 방법은 72쪽의 「더 높은 단계로 도전!」에 나옵니다.) 고양이와 강아지의 스크립트를 수정해서 공에 맞으면 "아웃!"이라고 말하고 사라지게 합니다. 다른 캐릭터도 추가해서 게임을 더 재미있게 만듭시다!

캐릭터들이 말하기와 행동을 동시에 하게 하려면, 두 개의 스크립트를 같은 프로그래밍 영역에 사용하면 됩니다. 이때 어떤 스크립트가 [충돌로 시작] 블록으로 시작하고, 어떤 스크립트가 [녹색 깃발로 시작] 블록으로 시작할지 결정해야 합니다.

연결 학습

언어 학습 : 대화 만들기

[말하기] 블록을 사용해서 고양이와 강아지가 숨바꼭질을 하면서 서로 대화하게 합시다. "널 잡고 말겠어!"나 "네가 술래야!" 같은 말을 사용합니다. 맞춤법이 틀리지 않고, 구두점도 정확히 사용하도록 합니다. 술래잡기 놀이는 어떻게 끝나나요? 누군가 포기하나요? [충돌로 시작]과 [대기] 블록으로 대화의 타이밍을 잘 맞추어서 캐릭터들의 움직임이 어색하지 않게 합시다.

수학 학습 : 어림잡기

완벽한 술래잡기 프로그램을 만들려면 [대기] 블록에 어떤 수를 넣어야 할지, 파란 동작 블록을 몇 개 써야 할지 잘 어림잡아야 합니다. 여러 가지 다른 숫자를 넣어서 어떤 것이 가장 잘 맞는지 시험해 봅시다!

어른을 위한 팁

이 활동은 [무한 반복] 블록과 [충돌로 시작] 블록이 결합해서 반복됩니다. 고양이에게도 [충돌로 시작] 블록을 달아 주면 좋을 것 같지만, 그러면 안 됩니다!

두 캐릭터 다 [충돌로 시작] 블록이 있으면, 둘이 동시에 동작을 시작합니다. 캐릭터가 서로 '충돌'할 때는 어떤 캐릭터가 동작 중이고, 어떤 캐릭터가 정지해 있는지는 상관없습니다. 둘이 동시에 동작을 시작하면 캐릭터들은 다시는 부딪히지 않을 것입니다.

활동 15 : 이상한 동물 찾기!

친구나 가족과 함께 할 수 있는 2인용 알아맞히기 게임을 만듭시다. 이 게임에서, 다른 동물은 모두 같은 패턴으로 움직이고 하나만 약간 다른 방식으로 움직입니다. 어떤 동물이 답일지 돌아가면서 짐작하고 터치해 봅시다. 틀린 답을 고르면 동물이 "난 아냐!"라고 말합니다. 맞는 답을 고르면 그 동물은 "맞았어!"라고 말합니다. 맞는 동물을 먼저 터치하는 사람이 이깁니다.

여기서 배울 것

우리는 이 활동을 통해서 세 가지를 배울 것입니다. [정지] 블록을 사용하는 법, 프로그램을 [전체 화면]으로 실행하는 법, 그리고 다른 시작 블록을 이용해 같은 캐릭터가 다른 행동을 하게 만드는 법입니다.

정지

전체 화면

전체 화면 나가기

만드는 법

1. 배경을 선택합니다. 동물들에게 많은 공간이 필요하기 때문에 농장도 좋은 배경이 됩니다.

2. 고양이가 있는 무대에 다른 동물 넷을 더해 넣습니다. 다섯 동물 가운데 넷이 똑같은 방식으로 움직이고 하나만 다른 방식으로 움직이게 하겠습니다.

3. 한 동물이 사각형을 그리며 움직이는 스크립트를 작성합니다. 그리고 스크립트를 하나 더 만들어서, 그 동물을 터치하면 "난 아냐!"라고 말하게 합니다.

4. 똑같은 스크립트를 다른 세 동물에게도 작성해서 네 동물의 스크립트가 완전히 똑같게 만듭니다.

   동물마다 스크립트를 새로 작성하는 대신 프로그래밍 영역의 스크립트를 캐릭터 목록의 다른 동물에게 끌고 가면 스크립트가 복사된다는 점을 잊지 마세요.

5. 각 스크립트 속 [대기] 블록의 시간을 바꾸어서 동물이 제각기 시간 차이를 두고 움직이게 합니다.

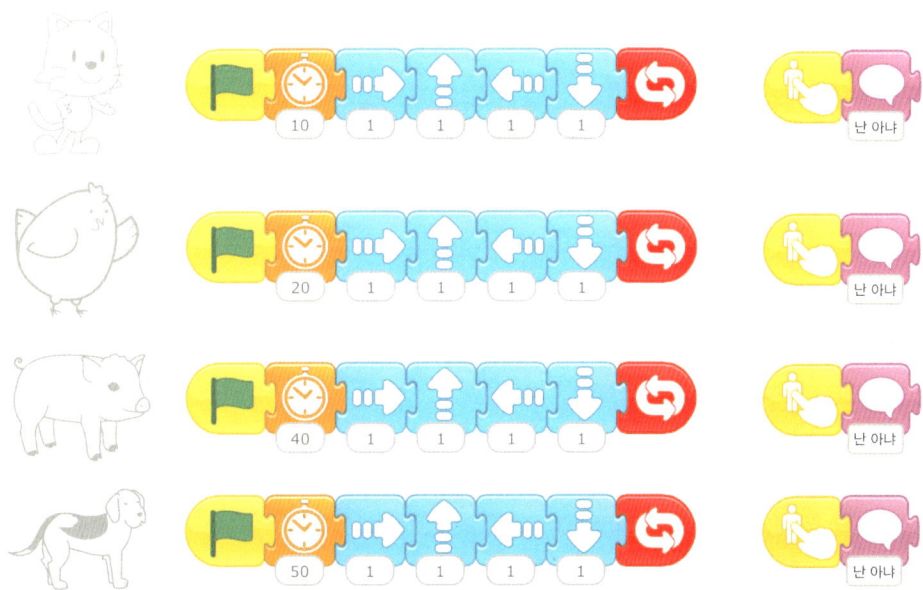

6. 정답인 동물의 스크립트를 작성합니다. 이 동물은 다른 동물들과 약간 다르게 움직여야 하기 때문에 스크립트에 [아래로 이동] 블록을 하나 더 넣습니다. 그런 뒤 터치하면 동작을 멈추고 "맞았어!"라고 말하는 스크립트를 하나 더 작성합니다. 터치하면 멈추도록 주황색 제어 블록 버튼을 터치하고 스크립트 끝에 [정지] 블록을 붙입니다.

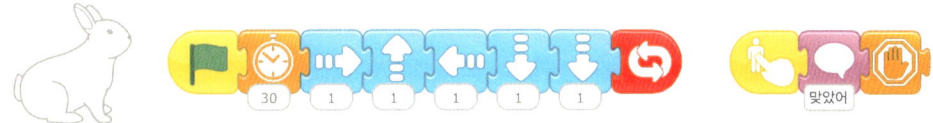

7. 동물들의 프로그래밍이 끝나면, [전체 화면] 버튼을 터치해서 프로그래밍 영역을 감춥니다. 그래야 사람들이 스크립트를 보고 답을 아는 일을 막을 수 있습니다.

그러면 무대가 화면 전체를 채웁니다.

8. 이제 게임이 완성되었습니다! **[녹색 깃발]** 버튼을 터치해서 게임을 시작하고, 누가 먼저 답을 맞히는지 알아봅시다.

9. **[전체 화면 나가기]** 버튼을 터치하면 평소의 스크래치 주니어 화면으로 돌아갑니다.

더 높은 단계로 도전!

정답을 터치하면 그 동물은 움직임을 멈춥니다. 답을 맞혔을 때 다른 동물들도 함께 움직임을 멈추게 만들어 봅시다. 이때는 **[메시지 보내기]** 블록을 사용하고, 다른 동물들에게 **[메시지로 시작]** 스크립트를 붙여서 동작을 멈추게 해야 합니다.

연결 학습

언어 학습 : 게임 설명서 쓰기

게임의 규칙을 알려 주려면 **[말하기]** 블록이나 **[글쓰기]** 버튼을 사용해서 단계별로 지시 내용을 씁니다. 사람들이 정답을 잘 찾지 못할 때 힌트를 줄 수도 있습니다.

수학 학습 : 수학 문제 만들기

이 게임에서는 [동작] 블록과 [대기] 블록을 많이 사용했습니다. 이 게임을 가지고 수학 문제를 만들어 봅시다. 예를 들면, '돼지는 몇 개의 동작을 하는가?' 또는 '누가 가장 오래 기다리는가?' 같은 문제를 만들 수 있습니다. 각자 만든 문제를 친구들과 교환해서 풀어 봅시다! 그런 뒤 답안지를 만들어서 서로의 답을 채점해 봅시다.

어른을 위한 팁

[정지] 블록은 모든 캐릭터가 아니라 [정지] 블록이 있는 캐릭터의 스크립트만을 정지시킵니다. 스크립트가 정지된 후에는 적절한 시작 방식([녹색 깃발로 시작], [터치로 시작하기], [메시지 보내기] 등)으로 다시 시작할 수 있습니다.

프로그램 시간! 고양이와 새

이제 우리는 많은 것을 배웠습니다. 그동안 배운 것으로 멋진 게임을 만들어 봅시다. 새가 움직이는 고양이 세 마리 사이로 날아가서 버섯에 도착하는 1인용 게임을 만들어 보겠습니다.

새를 터치해서 게임을 시작하면 새는 버섯을 향해 날아가지만, 도중에 고양이와 부딪히면 출발 지점으로 돌아가야 합니다. 새가 버섯에 무사히 도착하면 성공입니다!

만드는 법

1. 게임의 배경을 선택합니다. 초원도 배경으로 좋습니다. 새가 날아다닐 하늘 공간이 넓으니까요.

2. 프로그램에 버섯을 넣고 무대 오른쪽에 끌어다 놓습니다. 그런 뒤 새를 넣고 무대 왼쪽 가장자리에 끌어다 놓습니다.

3. 고양이 두 마리를 더 넣고 다른 캐릭터들과 닿지 않게 무대 가운데에 나란히 놓습니다.

게임

4. 고양이들이 위로 올라가게 프로그래밍합니다. 이때 셋이 다른 속도로 움직이도록 [속도 설정] 블록으로 속도를 바꾸어 줍니다. 새가 고양이에 부딪히면 출발 지점으로 돌아가도록 주황색 메시지를 보내는 스크립트도 만들어야 합니다. 아래의 스크립트는 고양이 한 마리의 스크립트 예입니다.

5. 새를 터치하면 새가 앞으로 움직이는 스크립트를 작성합니다. 그런 뒤 고양이와 부딪히면 주황색 메시지가 발송되어서 출발 지점으로 돌아가게 하는 스크립트를 하나 더 만듭니다.

6. 새가 버섯에 닿으면, 버섯이 "성공!"이라고 말하는 스크립트를 작성합니다.

7. 게임을 하기 위해 [전체 화면] 버튼을 터치합니다.

우리는 이 장에서 배운 모든 기술을 사용해서 게임을 만들었습니다! 이 게임을 할 때는 새를 정확한 타이밍에 출발시켜서 움직이는 고양이들을 피해 버섯에 도착해야 합니다. 시작해 봅시다!

유용한 팁

움직이는 고양이들은 고양이끼리도 또 버섯과도 부딪히지 않아야 합니다. 캐릭터끼리 부딪혀도 새는 출발 지점으로 돌아갑니다. [충돌로 시작] 스크립트는 새의 충돌뿐 아니라 다른 캐릭터끼리의 충돌에도 반응하기 때문입니다.

더 높은 단계로 도전!

고양이들의 출발 위치와 속도를 바꾸어서 게임을 더 어렵게 만들어 봅시다. 여러 가지 방법으로 이 게임을 더 쉽거나 어렵게 만들어 봅시다.

연결 학습

언어 학습 : 게임을 이야기로 만들기

게임을 이야기로 만들어 봅시다! 새가 버섯까지 가야 하는 이유를, 안내 페이지를 만들어 설명해 봅시다. 버섯에 무슨 특별한 사연이 있나요?

그런 뒤 두 번째 페이지에 게임을 넣고, 세 번째 페이지에는 이야기의 뒷부분과 마무리 메시지를 담을 수도 있습니다. 예를 들어 "버섯까지 잘 도착했어! 축하해!" 같은 글을 쓸 수 있습니다.

수학 학습 : 기록하기

친구들과 함께 이 게임을 하면서 각자 이기고 진 횟수를 기록합시다. 모두 같은 횟수의 게임을 한 뒤에 결과를 살펴봅시다. 각자의 결과가 다른가요? 아니면 모두 같은 결과가 나왔나요?

어른을 위한 팁

새를 터치할 때 아이들은 때로 새를 끌게 되는데, 그러면 새의 출발 지점이 변경됩니다. 잘못하면 화면 중간으로 갈 수도 있습니다. 이렇게 되면 새가 고양이에게 부딪혀 본래 위치로 돌아갈 때, 무대 가장자리로 돌아가지 않게 됩니다.

이 문제를 피하려면, 프로그램에 버튼 역할을 하는 다른 캐릭터-예를 들면 별-를 추가합니다. 새를 움직이려면 이 별만 터치하면 됩니다. 별을 무대 아래쪽 구석에 놓아서 다른 캐릭터들과 닿지 않게 합니다.

별을 터치하면 파란색 메시지를 보내게 만듭니다.

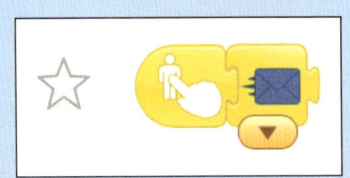

새의 스크립트를, 터치하면 움직이는 것에서 파란색 메시지를 받으면 움직이는 것으로 바꿉니다.

이렇게 해 놓으면 아이가 별을 터치하지 못하고 끌어도 문제가 되지 않습니다. 새의 본래 위치는 변하지 않은 채로 게임이 계속됩니다.

맺음말

이 책은 여기서 끝이 나지만, 여러분은 이제 프로그래밍의 첫걸음을 시작했습니다. 이 책의 목표는 여러분이 어린 자녀나 학생들에게 프로그래밍을 가르치고, 그 과정에서 프로그램 설계와 문제 해결, 체계적 추론, 창의적 표현 능력을 키워주는 것입니다.

여러분의 자녀나 학생들이 스크래치 주니어의 기능을 다 익혔으면 이제 스크래치와 그 온라인 커뮤니티로 이끌어 주는 것도 좋습니다. 부록 A에는 스크래치와 관련된 정보들을 담았습니다.

우리는 어린이의 발달 수준에 맞는 방식으로 코딩을 가르치기 위해 많은 연구를 했습니다. 프로그래밍은 새로운 방식의 사고와 새로운 형태의 표현을 가능하게 한다고 믿기 때문입니다. 우리는 스크래치 주니어를 계속 발전시켜서, 학습과 공유의 새로운 방식과 기회를 만들어 내고자 합니다. 그를 위해 스크래치 주니어가 계속 무료 프로그램으로 남아 있기를 바랍니다. 지금까지는 미국 국립과학재단과 스크래치재단의 후원 덕분에 그렇게 할 수 있었습니다. 우리의 목표를 신뢰하고 우리를 후원하고자 하시면 스크래치 재단(*http://www.scratchfoundation.org/*)에 기부를 하시는 것도 좋습니다. 액수에 상관없이 모든 기부에 감사드립니다.

코딩으로 즐거운 세상을!

마리나와 미첼

부록 A
스크래치 주니어에서 스크래치로

프로그래밍 여행에서 새로운 단계로 나아갈 준비가 되어 있다면, 스크래치를 권해 드립니다. 스크래치는 스크래치 주니어보다 약간 고연령 어린이(만 8세 이상)를 위한 프로그래밍 도구입니다. 스크래치는 어린이들이 좀 더 복잡한 이야기, 게임, 애니메이션을 만들게 해 주지만, 기본적인

기법은 스크래치 주니어와 비슷하기 때문에 친숙하게 느껴질 것입니다.

어린이들이 혼자 힘으로 스크래치 주니어로 이야기와 게임을 만들 수 있게 되거나, 더 복잡한 프로그램을 만들고 싶어 하면 스크래치로 이끌어 주십시오.

어린이들은 스크래치로 다음과 같은 일을 할 수 있습니다.
- 점수를 기록하는 게임 만들기
- 다른 곳의 이미지와 소리를 가져오기
- 캐릭터를 (위, 아래, 오른쪽, 왼쪽뿐 아니라) 온갖 방향으로 다 움직이기
- 캐릭터가 프로그램 안에서 '의상'을 갈아입게 하기
- (네 페이지 이상의) 길고 복잡한 이야기 만들기

스크래치 커뮤니티

스크래치와 스크래치 주니어의 가장 큰 차이는 스크래치에는 온라인 커뮤니티가 있어서 어린이들이 서로 프로그램을 공유하고, 평가하고, 더 나아가 결합할 수도 있다는 점입니다. 즉 다른 사람의 캐릭터와 프로그래밍 스크립트를 사용해서 프로그램을 변경할 수 있습니다.

어린이들은 스크래치의 이런 사회적 측면을 즐거워하고, 또 이를 통해서 협력하고 함께 배우는 기회를 얻습니다. 하지만 저연령 어린이들은 온라인 커뮤니티에 참여하기 힘들 수도 있습니다. 어린이가 스크래치 커뮤니티를 시작하려고 하면, 그 전에 온라인 예절에 대해 대화를 하시고, 스크래치 웹사이트의 커뮤니티 지침(*http://scratch.mit.edu/community_guidelines/*)을 읽게 하십시오.

스크래치 시작하기

스크래치는 모든 웹브라우저(인터넷 익스플로러, 파이어폭스, 크롬 등)에서 구동되며 모든 종류의 노트북 및 데스크톱 컴퓨터에서 쓸 수 있습니다. 스크래치를 시작하려면, 스크래치 웹사이트($http://scratch.mit.edu/$)를 방문하세요. 그곳에는 스크래치 커뮤니티의 회원들이 만든 천만 개 이상의 프로그램이 있습니다. 홈페이지 위쪽의 **[도움말]**을 클릭하면, 스크래치의 시작을 도와주고 우리의 질문에 답을 해 줄 많은 자료가 있습니다. 스크래치를 처음 익힐 때 도움이 필요하다면 [Step-by-Step Intro]를 클릭합니다. 그러면 왼쪽에는 프로그램 편집기가 뜨고 오른쪽에 [팁]들이 뜨는데, 거기에 우리가 이 책의 1장에서 만든 것과 비슷한 프로그램을 만드는 법이 단계별로 설명되어 있습니다.

혼자서 프로그래밍을 시작해 보려면 **[만들기]**를 클릭해서 프로그램 편집기로 들어가면 됩니다. 이때에도 언제든지 (오른쪽의) [팁]을 통해 도움을 받을 수 있습니다.

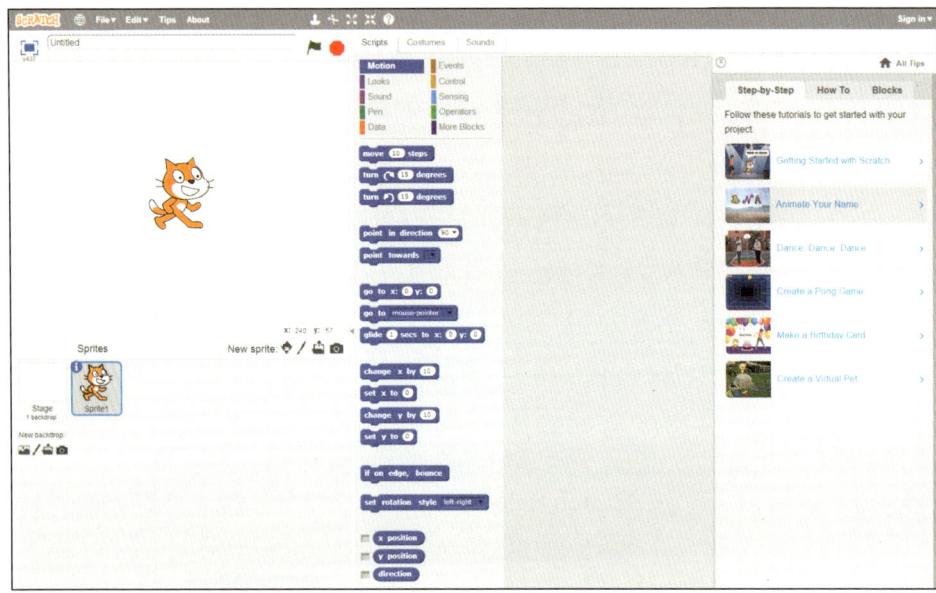

인터넷 접속이 좋지 않거나, 스크래치 온라인 커뮤니티에 참가하고 싶지 않다면, 웹사이트의 [도움말] 페이지에서 스크래치 프로그래밍 편집기를 다운받아서 사용해도 됩니다.

스크래치에드 웹사이트

스크래치에드(http://scratched.gse.harvard.edu/)는 스크래치를 사용하는 교육자들의 온라인 커뮤니티입니다. 이곳에서 교육자들은 이야기를 나누고, 자료를 교환하고, 지원을 받을 수 있습니다. [Resources] 탭을 클릭하면 'Scratch Curriculum Guide'를 볼 수 있는데, 그곳에는 스크래치로 기초 단계의 창조적 컴퓨터 활동을 하는 데 필요한 아이디어, 전략, 활동이 가득합니다.

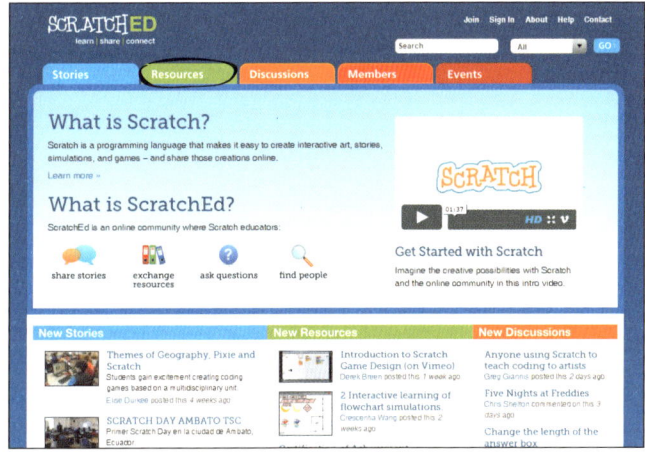

스크래치에드 웹사이트와 'Scratch Curriculum Guide'는 하버드 교육대학원의 스크래치에드 팀이 개발했습니다.

부록 B
기능 일람표

이 부록은 스크래치 주니어의 프로그래밍 블록과 그림 편집기에 대한 정보를 제공합니다. 「블록 기능 일람표」는 스크래치 주니어에 있는 여섯 가지 종류의 블록 전체를 설명합니다. 「그림 편집기 기능 요약」은 스크래치 주니어 그림 편집기의 모든 기능을 설명합니다.

블록 기능 일람표

스크래치 주니어의 모든 블록을 종류별로 나누어서 그것들이 하는 역할을 알아봅시다.

시작 블록		
블록	이름	설명
	녹색 깃발로 시작	녹색 깃발을 터치하면 스크립트를 시작한다.
	터치로 시작	캐릭터를 손가락으로 터치하면 스크립트를 시작한다.
	충돌로 시작	캐릭터가 다른 캐릭터와 부딪히면 스크립트를 시작한다.
	메시지로 시작	특정 색깔의 메시지가 발송되면 스크립트를 시작한다.
	메시지 보내기	특정 색깔의 메시지를 보낸다.

기능 일람표

동작 블록

블록	이름	설명
	오른쪽으로 이동	캐릭터를 지정된 눈금 수만큼 오른쪽으로 이동시킨다.
	왼쪽으로 이동	캐릭터를 지정된 눈금 수만큼 왼쪽으로 이동시킨다.
	위로 이동	캐릭터를 지정된 눈금 수만큼 위로 이동시킨다.
	아래로 이동	캐릭터를 지정된 눈금 수만큼 아래로 이동시킨다.
	오른쪽으로 돌기	캐릭터를 시계 방향으로 지정된 수치만큼 돌린다. 수치의 단위는 1/12바퀴이다.
	왼쪽으로 돌기	캐릭터를 시계 반대 방향으로 지정된 수치만큼 돌린다. 수치의 단위는 1/12바퀴이다.
	점프	캐릭터가 지정된 눈금 수만큼 올라갔다가 다시 내려오게 한다.
	본래 위치로	캐릭터가 처음 시작한 위치로 돌아가게 한다. 출발 지점을 새롭게 설정하려면 캐릭터를 원하는 위치에 끌어다 놓는다.

모양 블록

블록	이름	설명
	말하기	캐릭터에 말풍선을 달아서 특정한 말을 하게 한다.
	키우기	캐릭터의 크기를 크게 만든다.
	줄이기	캐릭터의 크기를 작게 만든다.
	본래 크기로	캐릭터의 크기를 기본 크기로 돌린다.
	감추기	캐릭터가 천천히 사라지게 한다.
	보이기	캐릭터가 천천히 나타나게 한다.

소리 블록

블록	이름	설명
	물방울 소리	'뽁' 소리를 낸다.
	녹음 재생	사용자가 녹음한 소리를 재생한다.

기능 일람표

제어 블록

블록	이름	설명
	대기	지정된 시간 동안 (시간의 단위 0.1초) 스크립트를 중지시킨다.
	정지	페이지 위 모든 캐릭터의 스크립트를 정지시킨다.
	속도 설정	특정 블록이 실행되는 속도를 변경한다.
	반복	테두리 안에 넣은 블록들을 지정된 횟수만큼 반복한다.

마무리 블록

블록	이름	설명
	마무리	스크립트의 끝을 표시한다(하지만 스크립트의 내용에는 영향을 주지 않는다).
	무한 반복	스크립트를 계속해서 반복한다.
	페이지 이동	프로그램의 지정된 페이지로 이동한다.

그림 편집기 기능 요약

우리는 그림 편집기를 이용해서 자신만의 캐릭터와 배경을 만들 수도 있고, 본래 있는 것을 수정할 수도 있습니다.

그림 편집기 도구

블록	이름	설명
	끌기	캐릭터나 모양을 캔버스 위에서 이동시키려면, 끌기 도구를 선택하고 캐릭터나 모양을 원하는 자리로 끌고 간다. 모양을 터치하면 작은 점들이 생기는데, 이것을 터치해서 끌면 모양을 수정할 수 있다.
	돌리기	캐릭터나 모양을 돌리려면, 돌리기 도구를 선택하고 캐릭터나 모양을 터치한 뒤 화면 위에서 끌면 가운데를 중심으로 돈다.
	복사	무언가를 복사하려면, 복사 도구를 선택하고 캐릭터나 모양을 터치한다.
	자르기	어떤 항목을 없애려면, 자르기 도구를 선택하고 없애고자 하는 캐릭터나 모양을 터치한다.
	카메라	배경이나 캐릭터에 사진을 쓰고 싶으면, 카메라 도구를 터치한 뒤 사진을 넣을 영역이나 모양을 터치한다. 그런 뒤 카메라 버튼을 터치해서 사진을 찍는다. 이렇게 찍은 사진은 선택한 영역이나 모양 안에만 나타난다.
	칠하기	어떤 사물을 색칠하려면 칠하기 도구를 선택하고, 색깔을 선택하고, 그 색을 칠할 영역을 터치한다.

찾아보기

ㄱ

감추기 블록, 53~54, 55, 152
게임 만들기
    고양이와 새 게임, 134~136
    발사! 게임, 119~121
    복숭아를 따자! 게임 114~117
    술래잡기! 게임, 124~126
    이상한 동물 찾기! 게임, 129~132
고양이와 새 게임, 134~136
그림 편집기
    기능 요약, 154~155
    눈사람 만들기, 99~104
    열기, 64
    자신만의 캐릭터 만들기, 98
그림 편집기에서 그림 그리기, 99~104
길게 누르기 동작, 38
끌기 도구, 100, 103, 155

ㄴ

녹색 깃발 버튼, 28
녹색 깃발로 시작 블록, 28, 150
녹음 재생 블록, 70~71, 152
눈사람 그리기, 99~104

ㄷ

대각선 방향으로 움직이기, 47
대기 블록, 89~91, 93~95, 153
대기 블록으로 잠시 정지하기, 89~91, 93~95
댄스 파티 프로그램
    고양이를 움직이게 만들기, 26~27
    녹색 깃발 버튼, 28
    대화 넣기, 32~34
    배경 넣기, 29~30
    제목 넣기, 34~35
    캐릭터 넣기, 30~32
    프로그램 저장, 36
돌리기 도구, 103, 155
동작 블록, 27, 151
    본래 위치로 블록, 117
    여러 개 사용하기, 48
    오른쪽으로 돌기 블록, 50~51
    움직이게 만들기, 45~46
    점프 블록, 47
    캐릭터 방향 바꾸기, 37
되살리기 버튼, 38
디버깅, 66, 112

ㅁ

마무리 블록, 78, 153
    무한 반복 블록, 56~57, 125
    페이지 이동 블록, 78~79
말풍선
    긴 대사, 70
    말하기 블록으로 넣기, 32~33
    소리와 함께 보이기, 72
말하기 블록, 32~34, 70~71, 152
메시지 보내기 블록, 120~121, 150
메시지로 시작 블록, 120~121, 150
모눈, 46
모양 블록, 32~33, 152
    감추기 블록, 53~55
    말하기 블록, 32~34, 70~71
    보이기 블록, 53~54
    줄이기 블록, 54, 115~116
    키우기 블록, 54
무대 영역, 26
무한 반복 블록, 56~57, 125, 153
문자로서의 코딩, 18
물방울 소리 블록, 152

ㅂ

반복 블록, 56~57, 60, 153

찾아보기

발사! 게임, 119~121
배경 교체, 29~30
버튼과 영역, 39~41
 모눈, 46
 무대 영역, 26
 블록 팔레트, 26~27
 취소/되살리기, 38
 캐릭터 영역, 31
 프로그래밍 영역, 27, 32
보이기 블록, 53~54, 152
복사 도구, 101, 155
복숭아를 따자! 게임, 114~117
본래 위치로 블록, 117, 151
본래 크기로 블록, 152
붓 버튼, 64, 97
블록. '개별 블록 종류' 참고
 기능일람표, 150~153
 동작, 27, 151
 마무리, 78, 153
 모양, 32~33, 152
 소리, 69, 152
 숫자 칸, 45, 48
 시작, 28, 150
 실행중인 블록의 색깔 변화, 59
 여러 개 지우기, 58
 제어, 57, 153
 지우기, 38
 터치로 스크립트 실행, 27
 팔레트, 26~27

ㅅ

삼각형 도구, 102
색깔 변경 버튼, 34, 80
선 도구, 102
설치, 20
섬네일, 78
소리 녹음, 69~70
소리 블록, 69, 152
 녹음 지우기, 72
 녹음하기, 69~70
 말하기 블록을 사용, 70~72
 캐릭터에 특정한, 73
속도 설정 블록, 83~84, 153
술래잡기! 게임, 124~126
스크래치 주니어, 18~19
 설치, 20
 스크래치로 이동하기, 143~147
스크립트
 스크립트 복사, 85, 130
 실행, 27~28
 정의, 27
 정지, 58
스크래치에드 웹사이트, 147
시작 블록, 28, 150
 녹색 깃발로 시작 블록, 28
 메시지 보내기 블록, 120~121
 메시지로 시작 블록, 120~121
 정지 블록, 131, 133
 충돌로 시작 블록, 124, 126, 128
 터치로 시작 블록, 116

ㅇ

아이패드, 20, 73
안드로이드 태블릿, 20
애니메이션
 동작을 반복하기, 56~57, 60
 블록의 숫자 칸, 45, 48
 캐릭터를 감추고 보이기, 53~54
 캐릭터를 모눈 위에 위치시키기, 45~47
 캐릭터 움직이기, 45, 50~51
오른쪽으로 돌기 블록, 50~51, 151
왼쪽으로 돌기 블록, 151
원 도구, 99~101
이상한 동물 찾기! 게임, 129~132

ㅈ

자르기 도구, 104~105, 155
전체 화면 나가기 버튼, 132

찾아보기

전체 화면 버튼, 131
전체 화면, 129, 131~132
점프 블록, 47, 151
정지 버튼(녹음), 69
정지 버튼(스크립트), 39, 58
정지 블록, 131, 133, 153
제목
    넣기, 34~35
    색깔과 크기 변경, 34, 80
    이동하기, 81
제어 블록, 57, 153
    대기 블록, 89~91, 93~95
    반복 블록, 56~57, 60
    속도 설정 블록, 83~84
    정지 블록, 131, 133
줄이기 블록, 54, 115~116, 152
충돌로 시작 블록, 124, 126, 128, 150

ㅊ
취소 버튼, 38
칠하기 도구, 102, 155

ㅋ
카메라 도구, 64, 155
캐릭터
    감추기/보이기, 53~54
    그림 편집기에서 그리기, 98
    그림 편집기에서 수정하기, 104
    넣기, 30~32
    다른 페이지에서 복사하기, 79~80
    대화, 96
    동작 반복, 56~57
    모눈 위에 놓기, 46~47
    방향 바꾸기, 37
    빈 얼굴에 사진 넣기, 63~65
    새 페이지에 넣기, 77
    영역, 32
    위치 재설정
        녹색 깃발로 시작 블록으로, 46
        본래 위치로 블록으로, 117
        캐릭터 복귀 버튼으로, 116
    지우기, 38, 75, 79
    키우기/줄이기, 54
캐릭터 복귀 버튼, 116
캐릭터에 사진 넣기, 63~65
캔버스(그림 편집기), 99
크기 변경 버튼, 34, 80
키우기 블록, 54, 152

ㅌ
터치로 시작 블록, 116, 150
토끼와 거북이 프로그램, 107~110

ㅍ
페이지
    다른 페이지 가기, 76
    순서 바꾸기, 79
    연결시키기, 78~79
    지우기, 79
    추가, 75
    캐릭터 넣기, 77
페이지 이동 블록, 78~79, 153
프로그래밍 영역, 27, 32, 58
프로그램
    고양이와 새 게임, 134~136
    댄스 파티, 댄스 파티 프로그램 참고
    만들기, 25~26, 50
    실행시키기, 27~28
    이름 짓기, 35~36
    저장하기, 36, 112
    제목, 34~35
    지우기, 38
    토끼와 거북이, 107~110
    할아버지의 농장, 61~63

ㅎ
할아버지의 농장 프로그램, 61~63

10만 부 이상 판매된
초등 수학동화 베스트셀러!

초등 1·2학년 수학동화시리즈

"과학창의재단 우수과학도서 선정" "문화체육관광부 우수교양도서 선정"

1. 쉿! 신데렐라는 시계를 못 본대 | 길이 재기와 시계 보기
2. 헨젤과 그레텔은 도형이 너무 어려워 | 여러 가지 도형
3. 양치기 소년은 연산을 못한대 | 덧셈과 뺄셈
4. 떡장수 할머니와 호랑이는 구구단을 몰라 | 곱셈과 나눗셈
5. 견우와 직녀가 분수 때문에 싸웠대 | 분수
6. 알쏭달쏭 알라딘은 단위가 헷갈려 | 무게·넓이·각도 재기
7. 아기 염소는 경우의 수로 늑대를 이겼어 | 짝을 정하거나 한 줄로 서는 방법의 수

글 고자현 외 / 그림 김명곤 외 / 수학놀이 한지연
46배판 변형 / 각권 128쪽 내외 / 각권 값 9,500원(전7권)

초등 3·4학년 수학동화시리즈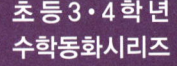

개정 교과서에 맞춘 기획, 학교생활이 더욱 즐겁고 단단해집니다.

1. 가우스, 동화 나라의 사라진 0을 찾아라 | 0의 발견과 큰 수
2. 가우스는 소수 대결로 마녀들을 물리쳤어 | 분수와 소수의 혼합계산
3. 오일러와 피노키오는 도형춤 대회 1등을 했어 | 평면도형과 원
4. 오일러, 오즈의 입체도형 마법사를 찾아라 | 다각형과 입체도형
5. 아르키는 어림하기로 걸리버 아저씨를 구했어 | 단위의 측정과 수의 범위
6. 페르마, 수리수리 규칙을 찾아라 | 수열의 규칙 찾기
7. 파스칼은 통계 정리로 나쁜 왕을 혼내줬어 | 자료 정리와 그래프

글 김정 외 / 그림 최정인 외 / 수학놀이 한지연
46배판 변형 / 각권 126쪽 내외 / 각권 값 10,000원(전7권)

2011 문화체육관광부 우수교양도서

2015 행복한 아침독서 여름방학 추천도서

2015 수학동아 우 수 수학도서